初級簿記教本
問 題 集

［第2版］

海老原　諭 ［著］

創 成 社

改訂にあたって

　本書『初級簿記教本問題集』は，姉妹書『初級簿記教本』の副読本として作成したものである。このたび『初級簿記教本』について改訂の機会を与えていただき，これとあわせて『初級簿記教本問題集』についても改訂を行うことにした。「習うより慣れよ」という言葉があるが，簿記の学習，とりわけ，学習初期にあたっては，問題演習に積極的に取り組むことが望ましい。問題演習は，分かったつもりになっているところ，理解が曖昧になっているところを浮き彫りにすることができるからである。

　『初級簿記教本問題集』の改訂のポイントは以下のとおりである。

　第1に，仕訳以前の専門用語の意味や基本的な考え方を確認できる問題を追加した。また，簿記の問題集といえば，一般に期中の問題を仕訳させる問題が中心となるが，他の問題集では1問にまとめられてしまうような問題であっても，複数の問題に分割することで解き方を誘導することを試みている。改訂にあたっては，単なる問題集ではなく，『初級簿記教本』の副読本として「どこまで分かっていて，どこまで分かっていないか」を学習者自身が確認できるような構成を心がけた。

　第2に，問題の出題順序を『初級簿記教本』の記載順序とそろえている。初版では，各章の学習を終えた後にまとめて問題集の問題に取り組む前提の構成としていたが，『初級簿記教本』での学習と併行して使用できるように構成を見直すことにした。

　本書は，日本商工会議所主催簿記検定3級の出題範囲を網羅している。日商簿記検定は，本書の初版刊行時から出題範囲も試験方式も大きく変わっており，基本的な論点をより早く，正確に解くことの重要性がより高まっている。単に問題が解けるようになったことに満足せず，繰り返し解くことで，スピードと正確さを高めていくことを目標として学習に取り組んでいただきたい。

　最後に，日々，問題意識を共有し，さまざまなアイデアを提供してくれている和光大学の学生・教職員の皆様，そして，本書の改訂にあたってご尽力いただいた創成社の塚田尚寛社長と出版部の西田徹様に厚く御礼申し上げる。

2024 年 3 月

海老原　諭

はじめに

　本書『初級簿記教本問題集』は，姉妹書『初級簿記教本』の問題演習用教材として執筆したものであり，標題および構成は『教本』に準じている。

　簿記は，財務諸表を作成するための技術であるから，ただ知識として知っているだけでは何の意味もない。簿記を学習するにあたっては，「簿記を知っている人」ではなく，「簿記ができる人」になることを目指す必要がある。その意味では，簿記の学習は，繰り返し問題演習を行い，難なく問題が解けるようになってはじめて完結するといってもいいだろう。

　学習にあたっては，次の3点を意識するとよい。

　第1に，繰り返し問題を解くことである。残念ながら，私達は，1度見聞きしただけですべてをマスターできてしまうような能力を持っていない。知識や技術は，覚えたり，忘れたりしながら，少しずつ定着していくものである。効率を意識しすぎることなく，淡々と問題演習を繰り返して欲しい。

　第2に，正誤（○か×か）を意識しすぎないことである。はじめのうちは正解できない（誤答が多い）ことが普通なので，正誤を意識しすぎると学習意欲が低下してしまう。解答を誤ってしまった場合は，学習すべきポイントを見つけたと思って，解説や該当する姉妹書の説明を読んで，知識の再確認をしてほしい。

　第3に，勘定の性質（資産・負債・純資産・収益・費用）を意識することである。借方・貸方のどちらに記録を行うかは，勘定記入の法則によって勘定の性質ごとに決まっているから，勘定の性質さえ頭に入っていれば，仕訳の際に勘定ごとにいちいち借方・貸方を考える必要はなくなり，仕訳のスピードアップを図れるようになる。

　なお，巻末には，日本商工会議所主催簿記検定3級を想定した模擬問題を3回分つけている。資格がすべてではないものの，資格が学習のモチベーションを保つうえで大きな効果をもっていることに疑いの余地はない。ぜひこれらの問題も十分に活用して，簿記の技術をより一層ブラッシュアップしていただきたい。

　2019年3月

海老原　諭

目　　次

改訂にあたって

はじめに

1　簿記の基礎概念 ……………………………………………………………… 1
2　複式簿記による主要簿への記録 ……………………………………………… 4
3　現金・預金 …………………………………………………………………… 8
4　有形固定資産・消耗品の取得 ……………………………………………… 12
5　商品売買取引の処理① ……………………………………………………… 16
6　商品売買取引の処理② ……………………………………………………… 20
7　消費税，租税公課 …………………………………………………………… 24
8　給料の支払い ………………………………………………………………… 28
9　資本取引 ……………………………………………………………………… 31
10　試算表 ………………………………………………………………………… 34
11　決算手続① …………………………………………………………………… 38
12　決算手続② …………………………………………………………………… 41
13　決算手続③ …………………………………………………………………… 45
14　決算手続④ …………………………………………………………………… 51
15　現金の管理 …………………………………………………………………… 55
16　仮払金と仮受金，立替金と預り金 ………………………………………… 59
17　小切手，約束手形 …………………………………………………………… 63
18　電子記録債権と電子記録債務，当座借越 ………………………………… 69
19　貸付金と借入金，手形貸付金と手形借入金 ……………………………… 74
20　金銭債権の貸倒れ，保証金 ………………………………………………… 79
21　有形固定資産の売却，月次決算を行う場合の減価償却 ………………… 83
22　第三者から商品の販売代金を受け取る場合の処理 ……………………… 88
23　期末商品棚卸高の算定 ……………………………………………………… 93
24　伝　　票 ……………………………………………………………………… 96
25　決算手続⑤ …………………………………………………………………… 101
26　精算表① ……………………………………………………………………… 109
27　精算表② ……………………………………………………………………… 113
28　報告式の財務諸表 …………………………………………………………… 118
29　会計帳簿への記録 …………………………………………………………… 120

解答編　137

1 簿記の基礎概念

問題 1 － 1

当社における当期の会計期間は，20X1 年 4 月 1 日から 20X2 年 3 月 31 日までである。次のそれぞれの時点について，期首の時点を指すもの，期中の時点を指すもの，期末の時点を指すものに分けなさい。

① 20X1 年 4 月 1 日午前 0 時　　② 20X1 年 4 月 1 日午後 2 時

③ 20X1 年 9 月 30 日午後 12 時　　④ 20X1 年 10 月 1 日午前 0 時

⑤ 20X2 年 3 月 31 日午前 11 時　　⑥ 20X2 年 3 月 31 日午後 12 時

期首の時点を指すもの	
期中の時点を指すもの	
期末の時点を指すもの	

問題 1 － 2

次の会計帳簿を主要簿と補助簿に分けなさい。なお，主要簿への記録は複式簿記によって行うこととしている。

① 売　上　帳　　② 現 金 出 納 帳　　③ 総 勘 定 元 帳

④ 買 掛 金 元 帳　　⑤ 仕　訳　帳　　⑥ 仕　入　帳

主要簿		補助簿	

問題 1 － 3

次の貸借対照表の図の（　　）に資産，負債のいずれか正しいものを記入しなさい。

貸　借　対　照　表

（　　①　　）	（　　②　　）
	純　資　産

①		②	

問題 1－4

次のそれぞれの金額を計算しなさい。

① 資産の総額が 560,000 円，負債の総額が 420,000 円であるときの純資産の総額

② 資産の総額が 1,310,000 円，負債の総額が 1,080,000 円であるときの純資産の総額

③ 負債の総額が 370,000 円，純資産の総額が 500,000 円であるときの資産の総額

①		②		③	

問題 1－5

次のそれぞれのものについて，貸借対照表上，資産として記載されるものと負債として記載されるものとに分けなさい。

① 借 入 金　② 普 通 預 金　③ 備　　品
④ 商　　品　⑤ 現　　金　⑥ 未 払 金

資産		負債	

問題 1－6

次の損益計算書の図の（　　　）に収益，費用のいずれか正しいものを記入しなさい。

損 益 計 算 書

（　　①　　）	（　　②　　）
純 利 益	

①		②	

問題 1 － 7

次のそれぞれの金額を計算しなさい。

① 収益の総額が 970,000 円，費用の総額が 750,000 円であるときの純利益の額

② 収益の総額が 2,040,000 円，費用の総額が 1,660,000 円であるときの純利益の額

③ 費用の総額が 880,000 円，純利益の額が 65,000 円であるときの収益の総額

①		②		③	

問題 1 － 8

次のそれぞれの金額を計算しなさい。

① 収益の総額が 1,230,000 円，費用の総額が 1,480,000 円であるときの純損失の額

② 収益の総額が 2,130,000 円，費用の総額が 1,970,000 円であるときの純利益の額

③ 収益の総額が 3,480,000 円，純損失の額が 105,000 円であるときの費用の総額

①		②		③	

2 複式簿記による主要簿への記録

問題2－1

次のそれぞれの出来事について，簿記上，取引として取り扱われるものとそうでないものとに分けなさい。

① 事務所で使用するパソコンを購入し，代金は現金で支払った。

② 駐車場として使用するため，事務所の横にある空き地を賃借することにした。なお，賃借料（地代）は月末に支払うことになっている。

③ 取引先に対して，来月，店舗で開催する催事について説明する文書を電子メールで送付した。

④ かねて倉庫を建設した際に生じた建設代金のうち，後払いにしていた金額の一部が普通預金口座から引き落とされた。

取引として取り扱われるもの	
取引として取り扱われないもの	

問題2－2

次の文章の（　　　）にあてはまる適切な語句を語群のなかから選んで答えなさい。なお，同じ番号には同じ語句が入る。

複式簿記では，財産の増減や債権・債務の状況の変化と，それらをもたらした理由をそれぞれ別の場所に分けて記録する。これらの場所のことを（ ① ）といい，すべて主要簿の1つである（ ② ）に設けられている。（ ① ）には，それぞれそれが何を記録する場所であるかが分かるように名前が付けられており，この名前のことを（ ③ ）という。（ ① ）は，記入欄が左右に分けられているが，左側の記入欄のことを（ ④ ）といい，右側の記入欄のことを（ ⑤ ）という。

〔語群〕

貸　　　　方　　　　借　　　　方　　　　勘　　　　定
勘　定　科　目　　　仕　訳　帳　　　総　勘　定　元　帳

①		②		③	
④		⑤			

問題2－3

次のものを貸借対照表や損益計算書において借方側に記載されるもの，貸方側に記載されるものに分けなさい。

① 収 益　　② 負 債　　③ 費 用　　④ 資 産　　⑤ 純資産

借方側に記載されるもの	
貸方側に記載されるもの	

問題2－4

次のものを借方に記録されるものと，貸方に記録されるものとに分けなさい。

① 費用の発生額　　　② 収益の取消額　　　③ 負債の増加額
④ 資産の減少額　　　⑤ 負債の減少額　　　⑥ 収益の発生額
⑦ 資産の増加額　　　⑧ 費用の取消額

借方に記録されるもの	
貸方に記録されるもの	

問題2－5

次の各勘定について，そこに記録されるものが増加または発生したときに，その金額が借方に記録されるものと，貸方に記録されるものとに分けなさい。

① 現　　　　金　　② 備　　　　品　　③ 支 払 家 賃
④ 借　入　金　　⑤ 受 取 利 息　　⑥ 普 通 預 金

借方に記録されるもの	
貸方に記録されるもの	

次の仕訳について説明した①～③の文章のうち，説明が正しいものを１つ選んで記号で答えなさい。

| （借） | 普 通 預 金 | 2,000,100 | （貸） | 定 期 預 金 | 2,000,000 |
| | | | | 受 取 利 息 | 100 |

① 借方に記録が行われるのは普通預金勘定であり，その金額は 2,000,100 円である。

② 定期預金勘定には借方に 2,000,000 円を記録する。

③ 借方に 100 円が記録されるのは受取利息勘定である。

解答	

次の仕訳について，（　　　）に当てはまる金額を答えなさい。

| （借） | 借 入 金 | （　　　） | （貸） | 普 通 預 金 | 4,575,000 |
| | 支 払 利 息 | 25,000 | | | |

解答	

次の仕訳を各勘定に転記したとき，（　　　）にあてはまる語句を答えなさい。

| （借） | 水 道 光 熱 費 | 18,000 | （貸） | 普 通 預 金 | 18,000 |

水 道 光 熱 費

（　①　）	18,000	

普 通 預 金

	（　②　）	18,000

①		②	

問題2－9

次の仕訳を各勘定に転記したとき，（　　　）にあてはまる語句および〔　　　〕にあてはまる金額を答えなさい。なお，記録を行う必要がない場合は――とすること。

(借)	現　　　　金	29,700	(貸)	普 通 預 金	30,000
	支 払 手 数 料	300			

現　　　　　　　金

（　　　　　）	〔　　　　　〕	（　　　　　）	〔　　　　　〕

支 払 手 数 料

（　　　　　）	〔　　　　　〕	（　　　　　）	〔　　　　　〕

普 通 預 金

（　　　　　）	〔　　　　　〕	（　　　　　）	〔　　　　　〕

問題2－10

次の現金勘定の記録について，これがもともとどのような仕訳を転記したものであったか，その仕訳を答えなさい。

現　　　　　　　金

	旅 費 交 通 費	1,400

借方		貸方	
勘定科目	金額	勘定科目	金額

3 現金・預金

問題３－１

次の文章の（　　　）に当てはまる語句を語群のなかから選んで答えなさい。なお，同じ番号のところには同じ語句が入る。

現金や預金は，企業の将来の活動のために使える財産であり，これらの動きが記録される各勘定は，簿記上，（　①　）の勘定として処理される。（　①　）は，財務諸表の１つである（　②　）上，（　③　）側に記載されるものであるから，期中の取引において増加したときは（　③　）に，減少したときは（　④　）にその金額を記録すればよい。

〔語群〕

貸　　　方	借　　　方	資　　　産
収　　　益	純　資　産	損　益　計　算　書
貸 借 対 照 表	費　　　用	負　　　債

①		②		③		④	

問題３－２

次のそれぞれの仕訳について，現金が増加した取引を仕訳したものと，現金が減少した取引を仕訳したものとに分けなさい。

①	（借）消　耗　品　費	3,300	（貸）現　　　　　金	3,300
②	（借）現　　　　　金	6,800	（貸）売　　　　　上	6,800
③	（借）普　通　預　金	30,000	（貸）現　　　　　金	30,000

現金が増加した取引	
現金が減少した取引	

次の取引を仕訳したうえで，それぞれ現金勘定，普通預金勘定に転記しなさい。なお，各勘定の（　　　）には適切な語句を，〔　　　〕には適切な金額を記入すること。

① 現金 500,000 円を普通預金口座に預け入れた。

② 普通預金口座から現金 200,000 円を引き出した。

	借方		貸方	
	勘定科目	金額	勘定科目	金額
①				
②				

現　　　　　　　　　　　金

（　　　　　　　　）〔　　　　　　〕｜（　　　　　　　　）〔　　　　　　〕

普　　通　　預　　金

（　　　　　　　　）〔　　　　　　〕｜（　　　　　　　　）〔　　　　　　〕

問題３－４

定期預金口座を解約し，定期預金の残高 3,000,000 円とその利息 480 円がまとめて普通預金口座に入金された。次の仕訳のうち，この取引を正しく仕訳したものを１つ選んで答えなさい。

① （借）普　通　預　金　　3,000,000　（貸）定　期　預　金　　3,000,000
　　　　　　　　　　　　　　　　　　　　　　受　取　利　息　　　　　480
② （借）定　期　預　金　　3,000,000　（貸）普　通　預　金　　3,000,480
　　　　受　取　利　息　　　　　480
③ （借）普　通　預　金　　3,000,480　（貸）定　期　預　金　　　30,000
　　　　　　　　　　　　　　　　　　　　　　受　取　利　息　　3,000,000

解答	

問題 3 - 5

次の取引を仕訳しなさい。勘定は，次のなかから最も適切なものを選んで使用すること。

普通預金盛岡支店　　　　普通預金秋田支店　　　定 期 預 金

① 盛岡支店の普通預金口座に預け入れていた 250,000 円を秋田支店の普通預金口座に振り替えた。
② 盛岡支店の普通預金口座に預け入れていた 4,000,000 円を定期預金口座に振り替えた。

	借方		貸方	
	勘定科目	金額	勘定科目	金額
①				
②				

問題 3 - 6

次の取引を仕訳しなさい。勘定は，次のなかから最も適切なものを選んで使用すること。

現　　　　金　　　普 通 預 金　　　受 取 利 息
水 道 光 熱 費　　　支 払 手 数 料

① 普通預金口座から電気料金 74,800 円が引き落とされた。
② 普通預金口座に利息 15 円が入金された。
③ 普通預金口座から現金 20,000 円を引き出した。時間外手数料 300 円もあわせて普通預金口座から引き落とされた。

	借方		貸方	
	勘定科目	金額	勘定科目	金額
①				
②				
③				

普通預金口座について通帳記入を行ったところ，資料１．のようになっていた。このとき，普通預金勘定の記録が資料２．のとおりであったとして，普通預金勘定に記録されていない取引を仕訳したうえで，普通預金勘定に転記しなさい。なお，２月 20 日以前の取引について考える必要はない。

（資料）

１．普通預金口座に係る預金通帳の記録

普 通 預 金

日付	摘要	お支払金額	お預り金額	残高金額
	前ページより繰越			316,500
X1-02-21	○○市水道局	18,600		297,900
X1-02-23	お引き出し	50,000		247,900
X1-02-23	手数料	300		247,600
X1-02-25	お預入れ		88,000	335,600
X1-02-27	利息		10	335,610
X1-02-28	□□不動産	150,000		185,610

※　２月28日の□□不動産への支払いは，当社が店舗として使用している物件の家賃が引き落とされたものである。

２．普通預金勘定の記録

普 通 預 金

2月20日の残高	316,500	2/23 諸　　口	50,300
2/25 現　　金	88,000		

日付	借方		貸方	
	勘定科目	金額	勘定科目	金額

普 通 預 金

2月20日の残高	316,500	2/23 諸　　口	50,300
2/25 現　　金	88,000	（　　）（　　）（　　）	（　　）（　　）
（　　）（　　）（　　）	（　　）	（　　）（　　）（　　）	（　　）（　　）

4 有形固定資産・消耗品の取得

問題 4 − 1

次のそれぞれのものについて，建物，備品，車両運搬具のどれに分類されるか答えなさい。なお，すべて自社で使用する目的で保有しているものとする。

① 陳　列　棚　　　② オ ー ト バ イ　　　③ エ ア コ ン
④ 車　　　　庫　　　⑤ ロ ッ カ ー　　　⑥ 応 接 セ ッ ト
⑦ 乗　用　車　　　⑧ 倉　　　　庫　　　⑨ パ ソ コ ン

建　　物	
備　　品	
車両運搬具	

問題 4 − 2

次のそれぞれの取引で取得した有形固定資産について，その取得原価を計算しなさい。なお，同じものを複数購入している場合は，取得原価の総額を計算すること。

① 事務所で使用するパソコン 20 台を 1 台当たり 150,000 円で購入した。代金は，配送料 3,000 円，据付費 25,000 円（いずれも 20 台分合計）とあわせて現金で支払った。

② 営業車として使用するため，乗用車 5 台を 1 台当たり 1,900,000 円で購入した。代金は，塗装料金を含めたオプション料金 200,000 円（5 台分合計），乗用車の購入に際して要する諸費用 300,000 円（5 台分合計）とあわせて後日支払うことにした。

③ 駐車場として使用するため，土地 120 ㎡を 1 ㎡あたり 150,000 円で購入した。諸費用 1,800,000 円を含めた代金のうち 3,800,000 円は現金で支払い，残額は後日支払うことにした。

①		②		③	

問題 4－3

次の一連の取引を仕訳したうえで，それぞれ備品勘定，未払金勘定に転記しなさい。なお，各勘定の（　　　）には適切な語句を，〔　　　〕には適切な金額を記入し，不要な欄には──と記入すること。

① 備品 800,000 円を購入し，代金は後日支払うことにした。

② ①で後払いとした金額のうち 200,000 円が普通預金口座から引き落とされた。

	借方		貸方	
	勘定科目	金額	勘定科目	金額
①				
②				

備　　　　　品

(   ) 〔   〕 | (   ) 〔   〕

未　　　払　　　金

(   ) 〔   〕 | (   ) 〔   〕

問題 4－4

倉庫として使用するため，建物 9,000,000 円を購入した。この建物の購入に係る諸経費 1,100,000 円とあわせた代金のうち 2,100,000 円は現金で支払い，残額は後日支払うことにした。この取引を仕訳しなさい。勘定は，次のなかから最も適切なものを選んで使用すること。

現　　金　　　未　払　金　　　建　　物

借方		貸方	
勘定科目	金額	勘定科目	金額

次の取引を仕訳しなさい。勘定は，次のなかから最も適切なものを選んで使用すること。

現　　　金　　　備　　　品　　　車両運搬具
未　払　金　　　修　繕　費

① 商品の運搬用に使用しているトラックを改良して，昇降装置（リフター）を設置した。設置費用 800,000 円は後日支払うことにした。
② 店舗で使用しているエアコンが故障したため，修理を行った。修理費用 110,000 円は現金で支払った。

	借方		貸方	
	勘定科目	金額	勘定科目	金額
①				
②				

次の取引を仕訳しなさい。勘定は，次のなかから最も適切なものを選んで使用すること。

現　　　金　　　備　　　品　　　消　耗　品　費

① 事務所で使用するインクトナー 8,800 円を購入し，代金は現金で支払った。
② 事務所で使用するコピー機 440,000 円を購入し，引取運賃 5,000 円を含めた代金は現金で支払った。

	借方		貸方	
	勘定科目	金額	勘定科目	金額
①				
②				

次の一連の取引を仕訳したうえで，それぞれ消耗品費勘定，未払金勘定に転記しなさい。なお，各勘定の（　　）には適切な語句を，〔　　〕には適切な金額を記入し，不要な欄には――と記入すること。

① インターネット通販サイトで消耗品 27,000 円を購入し，代金は送料 200 円とあわせて後日支払うことにした。

② ①で後払いとした金額を現金で振り込んだ。なお，振込手数料は通販サイトが負担するため，当社で負担する手数料はない。

	借方		貸方	
	勘定科目	金額	勘定科目	金額
①				
②				

消　　耗　　品　　費

（　　　　　　　）〔　　　　　〕｜（　　　　　　　）〔　　　　　〕

未　　払　　金

（　　　　　　　）〔　　　　　〕｜（　　　　　　　）〔　　　　　〕

5　商品売買取引の処理①

問題 5 - 1

次のものを，簿記上，商品として取り扱われるものとそうでないものとに分けなさい。

① 文具店が販売目的で保有する使い捨てボールペン

② 文具店が商品管理のために保有するパソコン

③ 家電量販店が店舗での事務作業用に保有する使い捨てボールペン

④ 家電量販店が販売目的で保有するパソコン

商品として取り扱われるもの	
商品として取り扱われないもの	

問題 5 - 2

次の文章の（　　　）に当てはまる語句を語群のなかから選んで答えなさい。なお，同じ番号のところには同じ語句が入る。

三分法では，仕入勘定，売上勘定および繰越商品勘定の3つの勘定を使って記録が行われる。このうち，会計期間中に行われた商品の仕入れ，売上げの状況が記録されるのは，（　①　）勘定，（　②　）勘定の2つで，（　③　）勘定は使用されない。

（　①　）勘定は（　④　）の勘定であり，商品の購入代価に引取運賃などの（　⑤　）を加えた（　⑥　）で記録が行われる。一方，（　②　）勘定は（　⑦　）の勘定であり，商品を引き渡したことにより顧客から受け取ることのできた，または，受け取ることのできる金額が記録される。

〔語群〕

売　　上　　　繰　越　商　品　　　資　　　産　　　収　　　　　益
取　得　原　価　　　仕　　　入　　　費　　用　　　付　随　費　用

①		②		③		④	
⑤		⑥		⑦			

問題５－３

次のそれぞれの取引で仕入れた商品について，その取得原価を計算しなさい。なお，同じものを複数購入している場合は，取得原価の総額を計算すること。

① 商品30個を1個当たり2,500円で仕入れた。代金は，引取運賃1,500円とあわせて現金で支払った。

② A商品20個を1個当たり900円で，B商品30個を1個当たり600円で仕入れた。代金は，引取運賃2,000円とあわせて掛けとした。

③ 販売目的で45㎡を土地1㎡当たり500,000円で仕入れ，代金は後日支払うこととした。

①		②		③	

問題５－４

次の取引を仕訳しなさい。勘定は，次のなかから最も適切なものを選んで使用すること。

現　金　　　売　上　　　仕　入

① 商品54,000円を仕入れ，代金は現金で支払った。

② 商品19,800円を売り上げ，代金は現金で受け取った。

	借方		貸方	
	勘定科目	金額	勘定科目	金額
①				
②				

問題５－５

次の一連の取引を仕訳しなさい。勘定は，次のなかから最も適切なものを選んで使用すること。

現　金　　　売　上　　　発　送　費

① 商品6,200円を売り上げ，代金は送料100円とあわせて現金で受け取った。

② ①で売り上げた商品を配送し，送料100円を現金で支払った。

	借方		貸方	
	勘定科目	金額	勘定科目	金額
①				
②				

卸売業を営む島根株式会社は，小売業を営む広島株式会社との間で掛取引を行っている。次の一連の取引を島根株式会社，広島株式会社それぞれの立場から仕訳しなさい。なお，この一連の取引で売買されている物品は島根株式会社，広島株式会社のどちらにおいても商品として取り扱われるものである。勘定は，次のなかから最も適切なものを選んで使用すること。

現　　　　金	普　通　預　金	売　　掛　　金	買　　掛　　金
売　　　　上	仕　　　　入	発　　送　　費	支　払　手　数　料

① 島根株式会社は，広島株式会社に対して，P商品20個を1個当たり600円で売り上げた。代金は送料300円とあわせて掛けとした。

② 島根株式会社は，広島株式会社に対して，P商品30個を1個当たり600円で売り上げた。代金は送料300円とあわせて掛けとした。

③ 広島株式会社は，島根株式会社に対して，①・②で仕入れた商品の代金（送料を含む）をまとめて現金で島根株式会社の普通預金口座に振り込んだ。なお，振込手数料500円も現金で支払った。

〔島根株式会社〕

	借方		貸方	
	勘定科目	金額	勘定科目	金額
①				
②				
③				

〔広島株式会社〕

	借方		貸方	
	勘定科目	金額	勘定科目	金額
①				
②				
③				

問題 5 - 7

次の取引を仕訳しなさい。勘定は，次のなかから最も適切なものを選んで使用すること。

普 通 預 金　　　売 掛 金　　　買 掛 金
売　　　　　上　　　仕　　　　　入　　　支 払 手 数 料

① 得意先から売掛金 309,000 円が普通預金口座に振り込まれた。
② 商品 26,000 円を仕入れ，代金は掛けとした。
③ 買掛金 97,200 円を普通預金口座から振り込んだ。なお，振込手数料 500 円も普通預金口座から引き落とされた。
④ 商品 15,000 円を売り上げ，代金は掛けとした。

	借方		貸方	
	勘定科目	金額	勘定科目	金額
①				
②				
③				
④				

問題 5 - 8

次の取引を仕訳しなさい。勘定は，次のなかから最も適切なものを選んで使用すること。

備　　　　　品　　　買 掛 金　　　未 払 金　　　仕　　　　　入

① 販売目的でパソコン 10 台を 1 台当たり 240,000 円で仕入れ，代金は引取運賃 6,000 円とあわせて掛けとした。
② 事務所で使用するためパソコン 10 台を 1 台当たり 240,000 円で仕入れ，代金は引取運賃 6,000 円，据付費 12,000 円とあわせて後日支払うことにした。

	借方		貸方	
	勘定科目	金額	勘定科目	金額
①				
②				

6　商品売買取引の処理②

　次の金額を，仕入勘定または売上勘定の借方に記録されるものと，貸方に記録されるものとに分けなさい。
　①　仕入れた商品を返品した場合のその商品の取得原価
　②　商品を仕入れた場合のその商品の取得原価
　③　売り上げた商品が返品された場合のその商品の販売価額
　④　商品を売り上げた場合のその商品の販売価額

借方に記録されるもの	
貸方に記録されるもの	

　①～③の各文章について，次の仕訳によって表される取引について正しく説明したものを 1 つ選んで答えなさい。

　　　　　（借）買　　掛　　金　　　90,000　　（貸）仕　　　　　入　　　90,000

　①　商品 90,000 円を仕入れ，代金は掛けとした。
　②　仕入先に買掛金 90,000 円を支払った。
　③　かねて掛けで仕入れていた商品 90,000 円を返品した。

解答	

　次の一連の取引を仕訳しなさい。勘定は，次のなかから最も適切なものを選んで使用すること。

　　　　　　　　現　　　　金　　　買　掛　金　　　仕　　　　入

　①　商品 27,000 円を仕入れ，代金は掛けとした。
　②　①で仕入れた商品について，品違いのため返品した。返品した商品の代金は，仕入先に対する買
　　掛金の額と相殺された。

	借方		貸方	
	勘定科目	金額	勘定科目	金額
①				
②				

問題 6 － 4

次の文章の（　　　）に当てはまる語句を語群のなかから選んで答えなさい。なお，同じ番号のところには同じ語句が入る。

　商品のやりとりをする前に，その商品の代金の全部または一部として受け払いされる金額のことを（　①　）という。（　①　）を支払った場合は（　②　）勘定，（　①　）を受け取った場合は（　③　）勘定にその金額を記録するが，これらの勘定に記録される金額は，商品の（　④　）ではなく，（　①　）としてやりとりされた金額である。

〔語群〕

内　　　金　　　　売　掛　金　　　　買　掛　金
販　売　価　額　　　前　受　金　　　　前　払　金

①		②		③		④	

問題 6 － 5

次の一連の取引を仕訳したうえで，それぞれ前払金勘定，仕入勘定および買掛金勘定に転記しなさい。なお，各勘定の（　　　）には適切な語句を，〔　　　　〕には適切な金額を記入し，不要な欄には――と記入すること。

① 来月発売される商品 30 個（1 個当たり 7,000 円で販売される予定）を予約し，その内金として 63,000 円を現金で支払った。

② ①で予約した商品の発売日となり，商品 30 個が送られてきた。なお，引取運賃 500 円を含めた代金のうち，①で支払った内金 63,000 円は代金の支払いに充当され，残りの 147,500 円は後日支払うこととなった。

③ ②で後日支払うこととなった 147,500 円を全額現金で支払った。

	借方		貸方	
	勘定科目	金額	勘定科目	金額
①				
②				
③				

前　　　払　　　金

(　　　　　　　) 〔 　　　　　 〕| (　　　　　　　) 〔 　　　　　 〕

仕　　　　　　　入

(　　　　　　　) 〔 　　　　　 〕| (　　　　　　　) 〔 　　　　　 〕

買　　　掛　　　金

(　　　　　　　) 〔 　　　　　 〕| (　　　　　　　) 〔 　　　　　 〕

問題 6 － 6

　次の一連の取引を仕訳したうえで，それぞれ前受金勘定および売上勘定に転記しなさい。なお，各勘定の（　　　　）には適切な語句を，〔　　　　〕には適切な金額を記入し，不要な欄には──と記入すること。

① 　来月発売予定の商品 25,000 円について予約を受け，全額現金で受け取った。

② 　①で予約を受けた商品の発売日となり，商品を引き渡した。

	借方		貸方	
	勘定科目	金額	勘定科目	金額
①				
②				

前　　　受　　　金

(　　　　　　　) 〔 　　　　　 〕| (　　　　　　　) 〔 　　　　　 〕

売　　　　　　　上

(　　　　　　　) 〔 　　　　　 〕| (　　　　　　　) 〔 　　　　　 〕

次の取引を仕訳しなさい。勘定は，次のなかから最も適切なものを選んで使用すること。

現　　　金　　売　掛　金　　前　受　金　　売　　　　上

①　商品 45,000 円を売り上げ，代金のうち 5,000 円はかねて受け取っていた内金で充当し，残額は現金で受け取った。

②　商品 128,000 円を売り上げ，代金のうち 20,000 円は現金で受け取り，残額は後日受け取ることにした。

	借方		貸方	
	勘定科目	金額	勘定科目	金額
①				
②				

7 消費税，租税公課

問題 7 － 1

次の文章の（　　　）に当てはまる語句を語群のなかから選んで答えなさい。なお，同じ番号のところには同じ語句が入る。

　消費税の処理を税抜方式で行っている場合，商品売買取引において企業が支払った消費税の額は（　①　）勘定に記録し，仕入勘定には記録しない。また，企業が受け取った消費税の額は（　②　）に記録し，売上勘定には記録しない。

　決算において，企業が国等に対して納付すべき消費税の額が確定したときは，その金額を（　③　）勘定に記録するとともに，（　①　）勘定，（　②　）勘定に記録されていた金額を全額取り崩す。企業が納付すべき消費税の額は，企業が受け取った消費税の額から支払った消費税の額を差し引いて計算されるため，（　③　）に記録された金額は，（　②　）勘定に記録されていた金額と（　①　）勘定に記録されていた金額との差額となる。

〔語群〕

　　　仮受消費税　　　仮払消費税　　　租税公課　　　未払消費税

①		②		③	

問題 7 － 2

次のそれぞれの金額を計算しなさい。なお，消費税率は 10％とする。
① 税抜価額が 100,000 円である場合の消費税額
② 税抜価額が 220,000 円である場合の消費税額
③ 税抜価額が 363,000 円である場合の税込価額

①		②		③	

問題 7 － 3

次のそれぞれの金額を計算しなさい。なお，消費税率は 8％（軽減税率）とする。
① 税抜価額が 1,000 円である場合の消費税額
② 税抜価額が 3,500 円である場合の消費税額
③ 税抜価額が 4,600 円である場合の税込価額

①		②		③	

問題 7 - 4

次の一連の取引を仕訳したうえで，それぞれ仮払消費税勘定，仮受消費税勘定および未払消費税勘定に転記しなさい。なお，各勘定の（　　　）には適切な語句を，〔　　　〕には適切な金額を記入すること。

消費税の処理は税抜方式によること（以下，他の問題においても同じ）。また，勘定は，次のなかから最も適切なものを選んで使用すること。

現　　　金	仮 払 消 費 税	仮 受 消 費 税
未 払 消 費 税	売　　　　上	仕　　　　入

① 商品 3,900 円（税抜）を仕入れ，代金は消費税額 390 円とあわせて現金で支払った。

② 商品 8,500 円（税抜）を売り上げ，代金は消費税額 850 円とあわせて現金で受け取った。

③ 決算にあたり，確定申告において納付すべき消費税の額が 460 円と計算されたため，この金額を未払消費税勘定に計上するとともに，①，②で仮払消費税勘定，仮受消費税勘定に記録していた金額を全額取り崩した。

④ ③で計算された当期分の消費税の要納付額 460 円を全額現金で納付した。

	借方		貸方	
	勘定科目	金額	勘定科目	金額
①				
②				
③				
④				

仮　払　消　費　税

(　　　　　) 〔 　　　 〕 | (　　　　　) 〔 　　　 〕

仮　受　消　費　税

(　　　　　) 〔 　　　 〕 | (　　　　　) 〔 　　　 〕

未　払　消　費　税

(　　　　　) 〔 　　　 〕 | (　　　　　) 〔 　　　 〕

かねて注文していた商品が店舗に配送された。商品には次の納品書が同封されていた。この納品書に基づいてこれらの商品の仕入れに係る仕訳を示しなさい。なお，代金は，全額掛けで支払うこととしている。

納　品　書

富山株式会社　　御中　　　　　　　　　　　　　　　　　20XX 年 XX 月 XX 日
下記のとおり納品いたします。　　　　　　　　　株式会社新潟（登録番号 T1234567890123）
　　　　　　　　　　　　　　　　　　　　　　　　　新潟県新潟市○○１−２−３
　　　　　　　　　　　　　　　　　　　　　　　　　代表取締役　　　□□　□□

摘要	数量	単価	金額	備考
甲商品	150	200	30,000	10%対象
乙商品	120	300	36,000	10%対象
配送料金			2,000	10%対象
	小計（10%対象）		68,000	
	消費税額（10%）		6,800	
	合　　計		74,800	

借方		貸方	
勘定科目	金額	勘定科目	金額

事務所で使用する応接セットを購入し，代金は現金で支払った。その際，応接セットを購入した事務用品店から次の領収書を受け取った。この領収書に基づいて，応接セットの取得に係る仕訳を示しなさい。

領　収　書

福井株式会社　　御中　　　　　　　　　　　　　　　　20XX 年 XX 月 XX 日

￥497,200−

　　　但　応接セット代金として
　　　上記金額正に領収いたしました

内訳　　　　　　　　　　　株式会社石川（登録番号 T1234567890123）
税抜金額　　　452,000　　石川県金沢市○○１−２−３　　　　　収入
消費税額（10%）　45,200　　代表取締役　　□□　□□　　　　　　印紙

借方		貸方	
勘定科目	金額	勘定科目	金額

郵便局で郵便切手 18,800 円と収入印紙 20,000 円を購入し，料金は現金で支払った。この取引を仕訳しなさい。勘定は，次のなかから最も適切なものを選んで使用すること。

現 金　　通 信 費　　租 税 公 課

借方		貸方	
勘定科目	金額	勘定科目	金額

8 給料の支払い

問題 8 - 1

　従業員の給料に対して発生する社会保険料について，簿記上，その金額を記録するために使用される勘定には次の3つのものがある。それぞれの勘定の名前（勘定科目）を答えなさい。

① 従業員の給料から天引きされる社会保険料で，給料日前に企業が立て替えて納付するもの

② 従業員の給料から天引きされる社会保険料で，給料日後に企業が従業員に代わって納付するもの

③ 従業員を雇用する企業が負担すべき社会保険料で，従業員の給料から天引きした，または，天引きする金額とあわせて納付するもの

①		②		③	

問題 8 - 2

　社会保険料の額は，従業員に対して支給する給料に対して一定の割合で計算される。従業員に対して支給する給料（月給）の額が 500,000 円であったとき，次のそれぞれの金額を計算しなさい。

① 健康保険料の総額（給料（月給）に対して10%）

② ①の健康保険料の総額のうち従業員の給料から天引きすべき金額（①の2分の1相当額）

③ 厚生年金保険料の総額（給料（月給）に対して18.3%）

④ ③の厚生年金保険料の総額のうち企業が負担すべき金額（③の2分の1相当額）

⑤ 雇用保険料のうち従業員の給料から天引きすべき金額（給料（月給）に対して0.6%）

①		②		③	
④		⑤			

問題 8 - 3

　次の一連の取引を仕訳したうえで，それぞれ従業員立替金勘定および法定福利費勘定に転記しなさい。なお，各勘定の（　　　）には適切な語句を，〔　　　〕には適切な金額を記入し，不要な欄には——と記入すること。また，勘定は，次のなかから最も適切なものを選んで使用すること。

現　　　　金　　　普　通　預　金　　　従業員立替金
給　　　　料　　　法　定　福　利　費

① 社会保険料の1つである労働保険料 66,600 円を現金で納付した。このうち 21,600 円は，その後の従業員の給料から天引きすべき金額であり，残りの 45,000 円は企業が負担すべき金額である。

② 給料日となり，給料 300,000 円から従業員が負担すべき社会保険料のうち①で納付済みの金額 1,800 円を控除した残りの 298,200 円を普通預金口座から振り込んだ。

	借方		貸方	
	勘定科目	金額	勘定科目	金額
①				
②				

従 業 員 立 替 金

(   ) 〔   〕 | (   ) 〔   〕

法 定 福 利 費

(   ) 〔   〕 | (   ) 〔   〕

問題 8－4

次の一連の取引を仕訳しなさい。勘定は，次のなかから最も適切なものを選んで使用すること。

現 金 　 普 通 預 金 　 従 業 員 立 替 金 　 社会保険料預り金
給 料 　 法 定 福 利 費 　 保 険 料

① 給料日となり，給料 300,000 円から従業員が負担すべき社会保険料のうち給料日後に納付すべき 42,450 円を控除した残りの 257,550 円を普通預金口座から振り込んだ。

② 社会保険料 84,900 円を現金で納付した。このうち 42,450 円は①で従業員の給料から天引きした社会保険料であり，残りの 42,450 円は企業が負担すべき金額である。

	借方		貸方	
	勘定科目	金額	勘定科目	金額
①				
②				

問題 8－5

次の一連の取引を仕訳しなさい。勘定は，次のなかから最も適切なものを選んで使用すること。

普 通 預 金 　 所 得 税 預 り 金 　 住 民 税 預 り 金
給 料 　 租 税 公 課

① 給料日となり，給料 300,000 円から従業員が負担すべき所得税 8,420 円，住民税 22,900 円を控除した残りの 268,680 円を普通預金口座から振り込んだ。

② ①で従業員の給料から天引きした所得税 8,420 円を普通預金口座から振り込んだ。

③ ①で従業員の給料から天引きした住民税 22,900 円を普通預金口座から振り込んだ。

	借方		貸方	
	勘定科目	金額	勘定科目	金額
①				
②				
③				

問題 8－6

次の給与明細票に基づいて，給料日に行うべき仕訳を示しなさい。なお，当社では，従業員が納付すべき社会保険料，税金の額を控除した残額を普通預金口座から従業員の指定口座に振り込んでいる。また，社会保険料のうち，雇用保険料は，給料日前に企業が立替納付しているものである。

給 与 明 細 票

20XX 年 X 月分

○○　○○様　　　　　　　　　　　　　　　　　　　　株式会社□□

支給			(省 略)			支 給 計	280,000
控除	健康保険料	年金保険料	雇用保険料	所 得 税	住 民 税	控 除 計	69,710
	14,000	25,620	1,680	7,610	20,800		
				差 引 支 給 額			210,290

借方		貸方	
勘定科目	金額	勘定科目	金額

9 資本取引

問題 9 - 1

次の文章の（　　　）に当てはまる語句を語群のなかから選んで答えなさい。なお，同じ番号のところには同じ語句が入る。

　株式会社とは，会社の種類の1つで，その活動に必要な元手となる資金を不特定多数の投資者から少しずつ集めることができるようにされたものをいう。株式会社に対して資金を拠出することを（　①　）といい，（　①　）をした者は，その株式会社から（　②　）の発行を受けることができる。（　①　）をした者は，株式会社に対して（　①　）した金額の返還を求めることはできないが，（　②　）を譲渡することで，株式会社以外の者から（　①　）した金額を回収することができる。

　（　②　）を保有している者を（　③　）という。（　③　）は，株式会社の共同所有者としての地位を有しており，株式会社の最高意思決定機関である（　④　）に出席して株式会社の経営について意見を述べる機会が与えられたり，株式会社がその営業活動を通じて生み出した剰余金の（　⑤　）を受けたりすることができる。

〔語群〕

株　式　　株　　主　　株主総会　　債権者
出　資　　取締役会　　配　　当　　融　　資

①		②		③	
④		⑤			

問題 9 - 2

次のそれぞれの金額について，その金額が収益または費用の勘定に記録されるものと純資産の勘定に記録されるものとに分けなさい。

① 水道光熱費を支払ったことによる純資産の減少額
② 利息を受け取ったことによる純資産の増加額
③ 株主に対して配当を支払ったことによる純資産の減少額
④ 商品を売り上げたことによる純資産の増加額
⑤ 投資者から出資を受けたことによる純資産の増加額

収益または費用の勘定に記録されるもの	
純資産の勘定に記録されるもの	

次の取引を仕訳しなさい。勘定は，次のなかから最も適切なものを選んで使用すること。

普通預金　　　資　本　金　　　資本準備金

① 株式会社を設立するに際して，株式 50 株を 1 株当たり 30,000 円で発行したところ，そのすべての株式について払込みを受け，全額普通預金口座に預け入れた。なお，払込みを受けた金額は，すべて資本金勘定に計上する。

② 増資を行うこととなり，新株 20 株を 1 株当たり 40,000 円で発行したところ，そのすべての株式について払込みを受け，全額普通預金口座に預け入れた。なお，払込みを受けた金額は，すべて資本金勘定に計上する。

	借方		貸方	
	勘定科目	金額	勘定科目	金額
①				
②				

　株式会社を設立するに際して，株式 20 株を 1 株当たり 100,000 円で発行したところ，そのすべての株式について払込みを受け，全額普通預金口座に預け入れた。なお，払込みを受けた金額のうち 1,000,000 円を資本金とし，残額は資本準備金とする。この取引を仕訳しなさい。勘定は，次のなかから最も適切なものを選んで使用すること。

普通預金　　　資　本　金　　　資本準備金

借方		貸方	
勘定科目	金額	勘定科目	金額

問題 9 - 5

次の一連の取引を仕訳しなさい。勘定は，次のなかから最も適切なものを選んで使用すること。

普 通 預 金　　未 払 配 当 金　　繰越利益剰余金　　支 払 手 数 料

① 株主総会において，繰越利益剰余金から 700,000 円を配当することが決議された。

② ①で決議された配当金 700,000 円を普通預金口座から振り込んだ。なお，振込手数料 20,000 円は普通預金口座から引き落とされた。

	借方		貸方	
	勘定科目	金額	勘定科目	金額
①				
②				

問題 9 - 6

株主総会において，繰越利益剰余金から 800,000 円を配当するとともに，利益準備金 80,000 円，別途積立金 500,000 円を積み立てることが決議された。この取引を仕訳しなさい。勘定は，次のなかから最も適切なものを選んで使用すること。

未 払 配 当 金　　利 益 準 備 金　　別 途 積 立 金　　繰越利益剰余金

借方		貸方	
勘定科目	金額	勘定科目	金額

10 試算表

　次の各勘定の記録に基づいて，借方合計，貸方合計，残高金額をそれぞれ求めなさい。なお，残高金額がある場合は，借方残高か貸方残高かもあわせて答えること。また，該当する金額がない場合は 0 と答えること。

現	金
80,000	5,900
30,000	10,700
	9,000
	13,400

仮 受 消 費 税	
3,800	15,400
4,200	
1,900	
5,500	

買	掛	金
52,000	52,000	
46,900	46,900	
67,200	67,200	
	57,100	

旅 費 交 通 費	
10,700	
2,800	
3,200	

勘定科目	借方合計	貸方合計	残高金額
現　　　　金			（　　　　残高）
仮 受 消 費 税			（　　　　残高）
買　　掛　　金			（　　　　残高）
旅 費 交 通 費			（　　　　残高）

次の各勘定の記録に基づいて，合計残高試算表を作成しなさい。

	現　　金	
150	60	
240	50	
	80	
	30	
	20	

	普 通 預 金	
800	150	
480	200	
670	25	
	360	
	140	
	240	
	15	

	売 掛 金	
480	480	
670	670	
510	30	
590		

	備　　品	
600		

	車両運搬具	
300		

	買 掛 金	
360	360	
	290	

	未 払 金	
140	700	

	資 本 金	
	800	

	売　　上	
30	480	
	670	
	510	
	590	

	仕　　入	
360		
290		

	旅費交通費	
50		
80		

	消 耗 品 費	
60		

	水道光熱費	
25		
15		

	通 信 費	
30		

	租税公課	
20		

合 計 残 高 試 算 表

借方残高	借方合計	勘定科目	貸方合計	貸方残高
		現　　　　　金		
		普 通 預 金		
		売 　掛 　金		
		備　　　　品		
		車 両 運 搬 具		
		買 　掛 　金		
		未 　払 　金		
		資 　本 　金		
		売　　　　上		
		仕　　　　入		
		旅 費 交 通 費		
		消 耗 品 費		
		水 道 光 熱 費		
		通 　信 　費		
		租 税 公 課		

問題 10 – 3

次の残高試算表について，資本金勘定に入る金額を求めなさい。なお，（　）に入る金額は各自で計算すること。

残 高 試 算 表

借方合計	勘定科目	貸方合計
34,000	現　　　　金	
342,000	普　通　預　金	
75,000	売　　掛　　金	
800,000	備　　　　品	
	買　　掛　　金	27,000
	未　　払　　金	600,000
	資　　本　　金	
	売　　　　上	743,000
249,000	仕　　　　入	
37,000	旅　費　交　通　費	
18,000	消　耗　品　費	
21,000	通　　信　　費	
60,000	支　払　家　賃	
14,000	租　税　公　課	
（　　　　　）		（　　　　　）

解答	

11 決算手続①

問題 11-1

決算手続において行われる手続をこれらが行われる順に並び変えなさい。

① 決算整理仕訳　　　② 各勘定の締切り　　　③ 決算振替仕訳
④ 修正仕訳

解答	→	→	→

問題 11-2

次のものは会計期間中に行われた取引とその取引について行われた仕訳を組み合わせて示したものであるが，どの仕訳にも誤りがある。その誤りの内容を文章の形で簡潔に説明しなさい。

① 普通預金口座から現金 50,000 円を引き出した。

(この取引について行われた仕訳)

(借)　普　通　預　金　　50,000　(貸)　現　　　　　金　　50,000

② 商品 36,000 円を仕入れ，代金は後日支払うこととした。

(この取引について行われた仕訳)

(借)　仕　　　　　入　　36,000　(貸)　未　　払　　金　　36,000

③ 消耗品 11,000 円を購入し，代金は現金で支払った。

(この取引について行われた仕訳)

(借)　消　耗　品　費　　11,100　(貸)　現　　　　　金　　11,100

①	
②	
③	

問題 11-3

決算にあたり，期中に行われた仕訳について確認したところ，次のような誤りがあることが判明した。これらの誤りを修正するために必要な仕訳を示しなさい。勘定は，次のなかから最も適切なものを選んで使用すること。

現　　　金　　普　通　預　金　　通　信　費　　水　道　光　熱　費

① 普通預金口座から電気料金 47,500 円が引き落とされていたが，仕訳が行われていなかった。
② 郵便切手 14,100 円を購入し，全額，現金で支払っていたが，この取引の仕訳を二重に行っていたことが判明した。

	借方		貸方	
	勘定科目	金額	勘定科目	金額
①				
②				

問題 11-4

決算にあたり，期中に行われた仕訳について確認したところ，商品 3,800 円を現金で売り上げたときに，誤って次のように仕訳していたことが判明した。この誤りを修正するために必要な仕訳について，①，②の 2 つに分けて示しなさい。

（借）　売　　　　　　上　　　3,800　　（貸）　現　　　　　　金　　　3,800

① 誤った仕訳を取り消すために行う仕訳を示しなさい。
② 正しい仕訳を行うための仕訳を示しなさい。

	借方		貸方	
	勘定科目	金額	勘定科目	金額
①				
②				

問題 11－5

決算にあたり，期中に行われた仕訳について確認したところ，旅費交通費 54,800 円を現金で支払ったときに，誤って次のように仕訳していたことが判明した。この誤りを修正するために必要な仕訳について，①，②の2つに分けて示しなさい。

| (借) | 旅 費 交 通 費 | 51,800 | (貸) | 現 金 | 51,800 |

① 誤った仕訳を取り消すために行う仕訳を示しなさい。
② 正しい仕訳を行うための仕訳を示しなさい。

	借方		貸方	
	勘定科目	金額	勘定科目	金額
①				
②				

問題 11－6

決算にあたり，期中に行われた仕訳について確認したところ，買掛金 225,000 円を普通預金口座から振り込んだとき（同時に振込手数料 500 円が普通預金口座から引き落とされている）に，誤って次のように仕訳していたことが判明した。この誤りを修正するために必要な仕訳について，①，②の2つに分けて示しなさい。

| (借) | 普 通 預 金 | 225,000 | (貸) | 買 掛 金 | 225,500 |
| | 支 払 手 数 料 | 500 | | | |

① 誤った仕訳を取り消すために行う仕訳を示しなさい。
② 正しい仕訳を行うための仕訳を示しなさい。

	借方		貸方	
	勘定科目	金額	勘定科目	金額
①				
②				

12 決算手続②

問題 12-1

次の文章の（　　　）に当てはまる語句を語群のなかから選んで答えなさい。なお，同じ番号のところには同じ語句が入る。

（　①　）とは，企業が当期中に売り上げた商品の取得原価のことをいう。

会計期間中，企業は，商品を仕入れたときにその取得原価を（　②　）勘定に記録しているが，（　②　）勘定の残高金額は，通常，当期の売上原価とはならない。（　②　）勘定に記録されている取得原価のなかには，当期中に売り上げられていない商品の取得原価である（　③　）も含まれているし，当期中に売り上げた商品のなかには，前期以前に仕入れた商品の取得原価である（　④　）も含まれているからである。

会計期間中，（　④　）は，（　⑤　）勘定に記録されているが，売上原価を計算するための決算整理を行うと，（　⑤　）勘定の金額は，（　③　）に置き換わる。

〔語群〕

売　　　　　上	売　上　原　価	期首商品棚卸高
期末商品棚卸高	繰　越　商　品	仕　　　　　入

①		②		③	
④		⑤			

問題 12-2

次のそれぞれの場合について，当期の売上原価の額を計算しなさい。

	期首商品棚卸高	当期商品仕入高	期末商品棚卸高
①	270,000 円	3,150,000 円	300,000 円
②	0 円	2,790,000 円	440,000 円
③	440,000 円	960,000 円	0 円

①		②		③	

当期の期首商品棚卸高は 551,000 円, 当期商品仕入高は 4,006,000 円, 期末商品棚卸高は 587,000 円であった。当期の売上原価を計算するために必要な決算整理仕訳を行ったうえで, 繰越商品勘定および仕入勘定に転記し, あわせて売上原価の額を答えなさい。なお, 売上原価の計算は仕入勘定で行うこと。また, 各勘定の (　　　) には適切な語句を, 〔　　　〕には適切な金額を記入し, 不要な欄には―――と記入すること。

借方		貸方	
勘定科目	金額	勘定科目	金額

繰 越 商 品

前 期 繰 越	551,000	(　　　　　　)	〔　　　　　〕
(　　　　　　)	〔　　　　　〕	(　　　　　　)	〔　　　　　〕

仕 入

諸　　　口	4,006,000	(　　　　　　)	〔　　　　　〕
(　　　　　　)	〔　　　　　〕	(　　　　　　)	〔　　　　　〕

売上原価の額	

次の資料に基づいて, 当期の売上原価を計算するために必要な決算整理仕訳を行ったうえで, 売上原価の額を答えなさい。なお, 期末商品棚卸高は 645,000 円であった。

(資料) 期末における繰越商品勘定および仕入勘定の記録

繰 越 商 品

前 期 繰 越	690,000		

仕 入

買 掛 金	1,250,000	買 掛 金	200,000
買 掛 金	1,090,000	買 掛 金	160,000
買 掛 金	1,180,000		
買 掛 金	1,300,000		
買 掛 金	1,170,000		

借方		貸方	
勘定科目	金額	勘定科目	金額

売上原価の額	

　当期の期首商品棚卸高は 840,000 円，当期商品仕入高は 6,288,000 円，期末商品棚卸高は 873,000 円であった。当期の売上原価を計算するために必要な決算整理仕訳を行ったうえで，繰越商品勘定，仕入勘定および売上原価勘定に転記し，あわせて売上原価の額を答えなさい。なお，売上原価の計算は売上原価勘定で行うこと。また，各勘定の（　　　）には適切な語句を，〔　　　〕には適切な金額を記入し，不要な欄には──と記入すること。

借方		貸方	
勘定科目	金額	勘定科目	金額

繰　越　商　品

前　期　繰　越	840,000	（　　　　　　）	〔　　　　　　〕
（　　　　　　）	〔　　　　　　〕	（　　　　　　）	〔　　　　　　〕

仕　　　　　入

諸　　　　口	6,288,000	（　　　　　　）	〔　　　　　　〕

売　上　原　価

（　　　　　　）	〔　　　　　　〕	（　　　　　　）	〔　　　　　　〕
（　　　　　　）	〔　　　　　　〕	（　　　　　　）	〔　　　　　　〕

売上原価の額	

問題12-6

決算にあたり，郵便切手と収入印紙の未使用高を調査したところ，それぞれ 11,280 円と 9,600 円であった。当社では，郵便切手，収入印紙を購入したときは，それぞれ通信費勘定，租税公課勘定に記録しているが，決算にあたって，これらの未使用額を貯蔵品勘定に振り替える。この仕訳を示しなさい。勘定は，次のなかから最も適切なものを選んで使用すること。

貯　蔵　品　　　通　信　費　　　租　税　公　課

借方		貸方	
勘定科目	金額	勘定科目	金額

問題12-7

決算にあたり，郵便切手と収入印紙の未使用高を調査したところ，それぞれ 5,640 円と 8,000 円であった。当社では，郵便切手，収入印紙を購入したときは，それぞれ通信費勘定，租税公課勘定に記録しているが，決算にあたって，これらの未使用額を貯蔵品勘定に振り替える。この仕訳を示したうえで，当期の通信費および租税公課の額を求めなさい。

（資料）期末における通信費勘定および租税公課勘定の記録

通　　　　信　　　　費

普 通 預 金	62,500	
現　　　　金	4,700	
普 通 預 金	42,800	
普 通 預 金	61,800	
現　　　　金	9,400	

租　　　税　　　公　　　課

現　　　　金	20,000	
現　　　　金	30,000	
現　　　　金	20,000	

借方		貸方	
勘定科目	金額	勘定科目	金額

通信費の額	
租税公課の額	

13　決算手続③

問題 13-1

次の文章の（　　　）に当てはまる語句を語群のなかから選んで答えなさい。なお，同じ番号のところには同じ語句が入る。

減価償却費の額を定額法によって計算する場合，その金額は，まず，有形固定資産の（　①　）から（　②　）を差し引いて減価償却の対象となる金額である（　③　）を計算し，これを（　④　）で割ることで求められる。

（　③　）とは，企業がその有形固定資産について負担する正味の金額を意味する。たとえば，1,000,000 円で取得した有形固定資産（その部品等を含む）が，その使用後に 50,000 円で売却できると見込まれる場合，はじめにその有形固定資産を取得するために 1,000,000 円を支出するものの，最後にそのうち 50,000 円を回収できることになるから，正味の負担額はこの 50,000 円を差し引いた 950,000 円となる。この 950,000 円が減価償却の対象となる。

なお，有形固定資産を期中に取得したり，売却，廃棄等した場合は，1 年分の減価償却費の額をもとに，その使用月数分の減価償却費の額が計算される。この使用月数に対応する金額を計算することを（　⑤　）という。

〔語群〕

| 購　入　代　価 | 残　存　価　額 | 取　得　原　価 |
| 耐　用　年　数 | 月　割　計　算 | 要　償　却　額 |

①		②		③	
④		⑤			

問題 13-2

次のそれぞれの有形固定資産について，定額法により当期の減価償却費の額を求めなさい。なお，当期の会計期間の長さは 1 年間であり，1 年未満の期間に対応する金額は月割計算によって求める。

	取得原価	残存価額	耐用年数	当期中の使用月数
①	39,000,000 円	3,900,000 円	39 年	12 か月
②	2,600,000 円	0 円	8 年	12 か月
③	1,800,000 円	0 円	4 年	9 か月

①		②		③	

決算にあたり，当社が保有する建物について，定額法により減価償却を行う。この建物は前期以前に取得したものであり，その取得原価は 66,000,000 円，残存価額は 6,600,000 円，耐用年数は 27 年である（会計期間は 1 年間とする）。このとき，減価償却に係る仕訳を①直接法で行った場合と，②間接法で行った場合のそれぞれについて示しなさい。勘定は，次のなかから最も適切なものを選んで使用すること。

建　　　物　　　　建物減価償却累計額　　　　減　価　償　却　費

	借方		貸方	
	勘定科目	金額	勘定科目	金額
①				
②				

20X1 年 1 月 1 日，営業車として使用するために乗用車を 2,100,000 円で取得した。この乗用車について，定額法により減価償却を行った場合，各期の減価償却後の車両運搬具勘定の残高金額を計算しなさい（耐用年数 4 年，残存価額ゼロ）。なお，減価償却に係る仕訳は直接法で行うものとし，会計期間は毎年 1 月 1 日から 12 月 31 日までである。

20X1 年末 (20X1 年 12 月 31 日)	20X2 年末 (20X2 年 12 月 31 日)	20X3 年末 (20X3 年 12 月 31 日)	20X4 年末 (20X4 年 12 月 31 日)

20X1 年 1 月 1 日，営業車として使用するために乗用車を 2,100,000 円で取得した。この乗用車について，定額法により減価償却を行った場合，各期の減価償却後の車両運搬具勘定，車両運搬具減価償却累計額勘定の残高金額を計算しなさい（耐用年数 4 年，残存価額ゼロ）。なお，減価償却に係る仕訳は間接法で行うものとし，会計期間は毎年 1 月 1 日から 12 月 31 日までである。

	20X1 年末 (20X1 年 12 月 31 日)	20X2 年末 (20X2 年 12 月 31 日)	20X3 年末 (20X3 年 12 月 31 日)	20X4 年末 (20X4 年 12 月 31 日)
車　両　運　搬　具				
車両運搬具減価償却累計額				

問題 13−6

20X1 年 4 月 1 日，営業車として使用するために乗用車を 2,100,000 円で取得した。この乗用車について，定額法により減価償却を行った場合，各期の減価償却後の車両運搬具勘定，車両運搬具減価償却累計額勘定の残高金額を計算しなさい（耐用年数 4 年，残存価額ゼロ）。なお，減価償却に係る仕訳は間接法で行うものとし，会計期間は毎年 1 月 1 日から 12 月 31 日までである。

	20X1 年末 (20X1 年 12 月 31 日)	20X2 年末 (20X2 年 12 月 31 日)	20X3 年末 (20X3 年 12 月 31 日)	20X4 年末 (20X4 年 12 月 31 日)
車 両 運 搬 具				
車両運搬具減価償却累計額				

問題 13−7

次の文章の（　　　）に当てはまる語句を語群のなかから選んで答えなさい。なお，同じ番号のところには同じ語句が入る。

決算振替仕訳は，（　①　）仕訳と（　②　）仕訳の 2 つから構成される。（　①　）仕訳は，収益，費用の各勘定の残高金額を（　③　）勘定に振り替えるものであり，（　②　）仕訳は，（　③　）勘定の残高金額を（　④　）勘定に振り替えるものである。

〔語群〕
繰越利益剰余金　　資本振替　　損　　益　　損益振替

①		②	
③		④	

次の各勘定の記録に基づいて，①損益振替仕訳，②資本振替仕訳を行ったうえで，各勘定に転記しなさい。なお，損益勘定以外の勘定への転記は金額のみでよいが，損益勘定については相手勘定も記入すること。その際，損益勘定の（　　　）には適切な語句を，〔　　　〕には適切な金額を記入し，不要な欄は空欄のままにすること。

繰越利益剰余金	
	8,900

売　　　上	
50	7,750

受　取　利　息	
	10

仕　　　入	
2,870	310
280	

減価償却費	
960	

広告宣伝費	
380	

旅費交通費	
490	

消　耗　品　費	
250	25

水道光熱費	
370	

支　払　家　賃	
800	

租　税　公　課	
190	10

支　払　利　息	
15	

	借方		貸方	
	勘定科目	金額	勘定科目	金額
①				
②				

繰越利益剰余金	
	8,900

売 上	
50	7,750

受 取 利 息	
	10

仕 入	
2,870	310
280	

減価償却費	
960	

広告宣伝費	
380	

旅費交通費	
490	

消 耗 品 費	
250	25

水道光熱費	
370	

支 払 家 賃	
800	

租 税 公 課	
190	10

支 払 利 息	
15	

損　　　　　　　　　　　益

(	)	〔	〕	(	)	〔	〕
(	)	〔	〕	(	)	〔	〕
(	)	〔	〕	(	)	〔	〕
(	)	〔	〕	(	)	〔	〕
(	)	〔	〕	(	)	〔	〕
(	)	〔	〕	(	)	〔	〕
(	)	〔	〕	(	)	〔	〕
(	)	〔	〕	(	)	〔	〕
(	)	〔	〕	(	)	〔	〕
(	)	〔	〕	(	)	〔	〕

当期の純利益または純損失の額が次の通りであったときの資本振替仕訳をそれぞれ示しなさい。勘定は，次のなかから最も適切なものを使用すること。

損　　益　　　　資　本　金　　　　繰越利益剰余金

① 当期純利益の額が 1,150,000 円であったとき
② 当期純損失の額が 710,000 円であったとき

	借方		貸方	
	勘定科目	金額	勘定科目	金額
①				
②				

14 決算手続④

問題 14－1

次の損益勘定の記録から，当期の損益計算書を作成しなさい。なお，（　　　　）には適切な語句を，〔　　　　〕には適切な金額を記入すること。

損　　　　益

仕　　　　　入	682,000	売　　　　　上	2,334,000
給　　　　　料	507,000	受　取　家　賃	66,000
法 定 福 利 費	73,500		
減 価 償 却 費	481,000		
旅 費 交 通 費	82,510		
通　信　費	294,040		
保　険　料	36,000		
支 払 家 賃	180,000		
支 払 利 息	50		
繰越利益剰余金	63,900		

損 益 計 算 書

○○株式会社　　20X1 年 4 月 1 日～20X2 年 3 月 31 日　　（単位：円）

費用	金額	収益	金額
（　　　　　　）	682,000	（　　　　　　）	2,334,000
給　　　　　料	507,000	受　取　家　賃	66,000
法 定 福 利 費	73,500		
減 価 償 却 費	481,000		
旅 費 交 通 費	82,510		
通　信　費	294,040		
保　険　料	36,000		
支 払 家 賃	180,000		
支 払 利 息	50		
（　　　　　　）	〔　　　　　〕		
	〔　　　　　〕		〔　　　　　〕

問題 14－2

次の決算振替仕訳後の資産，負債，純資産の各勘定の記録から残高試算表を作成したうえで，当期の貸借対照表を作成しなさい。なお，その際，（　　　）には適切な語句を，〔　　　〕には適切な金額を記入すること。

現　　金		普 通 預 金		売 　掛　 金	
240,100	219,400	3,583,000	3,276,000	2,090,000	1,905,000

繰 越 商 品		貯 蔵 品		備　　品	
53,100	53,100	1,800	1,800	480,000	
55,800		1,500			

買 　掛　 金		未 払 消 費 税		未 　払　 金	
601,200	655,500		19,200	60,000	300,000

減価償却累計額		資 　本　 金		繰越利益剰余金	
	75,000		400,000		185,500
	60,000				16,000

残 高 試 算 表

借方合計	勘定科目	貸方合計
	現　　　　　金	
	普 　通 　預 　金	
	売 　　掛 　　金	
	繰 　越 　商 　品	
	貯 　　蔵 　　品	
	備 　　　　品	
	買 　　掛 　　金	
	未 　払 　消 　費 　税	
	未 　　払 　　金	
	減 価 償 却 累 計 額	
	資 　　本 　　金	
	繰 越 利 益 剰 余 金	

貸借対照表

○○株式会社　　　　　　　　　　　20X2 年 3 月 31 日現在　　　　　　　　（単位：円）

資産	金額	負債・純資産	金額
現　　　　金	〔　　　　　〕	買　掛　金	〔　　　　　〕
普　通　預　金	〔　　　　　〕	未 払 消 費 税	〔　　　　　〕
売　掛　金	〔　　　　　〕	未　払　金	〔　　　　　〕
（　　　　）	〔　　　　　〕	資　本　金	〔　　　　　〕
貯　蔵　品	〔　　　　　〕	繰越利益剰余金	〔　　　　　〕
備　　品	〔　　　〕		
（　　　　）	△〔　　　〕〔　　　〕		
	〔　　　　　〕		〔　　　　　〕

問題 14−3

次の一連の取引を仕訳しなさい。勘定は，次のなかから最も適切なものを選んで使用すること。

現　　　　金　　仮 払 法 人 税 等　　　未 払 法 人 税 等
租 税 公 課　　法人税，住民税及び事業税

① 法人税，住民税，事業税の中間申告を行い，現金 200,000 円を納付した。
② 当期分の法人税，住民税，事業税の額が 350,000 円であることが確定した。この金額を法人税，住民税及び事業税勘定に計上するとともに，①で計上した仮払法人税等勘定の金額を取り崩し，確定申告において納付すべき残りの 150,000 円を未払法人税等勘定に計上した。
③ ②において納付すべきこととされた法人税，住民税，事業税の額 150,000 円を現金で納付した。

	借方		貸方	
	勘定科目	金額	勘定科目	金額
①				
②				
③				

次の取引を仕訳しなさい。勘定は，次のなかから最も適切なものを選んで使用すること。

仮 払 消 費 税　　　仮 払 法 人 税 等　　　未 払 消 費 税
未 払 法 人 税 等　　　仮 受 消 費 税　　　法人税, 住民税及び事業税

① 確定申告にあたって納付すべき消費税の額が 276,000 円であることが確定した。なお，仮払消費税勘定の残高が 657,000 円，仮受消費税勘定の残高が 933,000 円あり，確定申告において納付すべき金額を未払消費税勘定に計上する。

② 当期分の法人税，住民税，事業税の額が 518,000 円であることが確定した。なお，仮払法人税等勘定の残高が 214,000 円あり，確定申告において納付すべき金額を未払法人税等勘定に計上する。

	借方		貸方	
	勘定科目	金額	勘定科目	金額
①				
②				

15 現金の管理

問題 15－1

次の一連の取引を仕訳したうえで，小口現金勘定に転記しなさい。なお，勘定の（　　）には適切な語句を，〔　　〕には適切な金額を記入し，不要な欄には——と記入すること。

① 企画部門に対して新たに小口現金を支給することとし，今週分として 60,000 円を現金で支給した。当社では，小口現金の管理を定額資金前渡制度（インプレスト・システム）で行っている。

② ①で小口現金を支給した企画部門の小口現金係から小口現金の使用状況について，次のように報告を受けた。

旅費交通費	26,600 円	消耗品費	9,600 円
通信費	5,000 円	雑費	11,000 円

③ ②の報告内容に問題がなかったため，小口現金を現金で補充した。

	借方		貸方	
	勘定科目	金額	勘定科目	金額
①				
②				
③				

小　口　現　金

（　　　　　）	〔　　　　　〕	（　　　　　）	〔　　　　　〕
（　　　　　）	〔　　　　　〕	（　　　　　）	〔　　　　　〕

問題 15－2

次のそれぞれの状況を，現金の帳簿残高を増やすべき状況と，減らすべき状況とに分けなさい。

① 現金の実際有高は，帳簿残高と比べて 9,000 円不足していた。

② 現金の帳簿残高は 76,320 円，実際有高は 75,820 円であった。

③ 現金の帳簿残高よりも実際有高の方が 4,500 円多かった。

帳簿残高を増やすべき状況	
帳簿残高を減らすべき状況	

次のそれぞれの状況について，現金勘定の金額を修正するために行うべき仕訳を示しなさい。

① 現金の実際有高は，帳簿残高よりも 20,000 円少なかった。

② 現金の実際有高は，帳簿残高よりも 600 円多かった。

	借方		貸方	
	勘定科目	金額	勘定科目	金額
①				
②				

現金の実際有高を確認したところ，その金額は 232,000 円であった。現金勘定の記録が次のようであったとき，現金勘定の金額を修正するために行うべき仕訳を示しなさい。

	現		金	
前 期 繰 越	218,000	消 耗 品 費	2,600
売 上	6,500	旅 費 交 通 費	800
売 上	3,700	旅 費 交 通 費	1,400
売 上	5,100	雑 費	2,000
売 上	8,200	消 耗 品 費	1,100

借方		貸方	
勘定科目	金額	勘定科目	金額

問題 15-5

現金過不足が生じた原因について調査していたところ，次のことが明らかになった。それぞれの事項について行うべき仕訳を示しなさい。勘定は，次のなかから最も適切なものを選んで使用すること。

現　　　　金	現 金 過 不 足	売　　掛　　金
消 耗 品 費	通　信　費	雑　　　　損

① 消耗品 700 円を現金で購入したときに仕訳を失念していた。
② 通信費 41,600 円を現金で支払ったときに，誤ってその金額を 44,600 円として仕訳していた。
③ 商品 34,000 円を掛けで売り上げたときに，誤って借方を現金勘定としていた。
④ 現金 500 円が陳列棚の下に落ちていた。

	借方		貸方	
	勘定科目	金額	勘定科目	金額
①				
②				
③				
④				

問題 15-6

決算にあたり，現金過不足勘定の残高金額が次のそれぞれの状況であったとき，その残高金額が振り替えられる先の勘定（現金過不足勘定の相手勘定）が雑損勘定になるか，雑益勘定になるか答えなさい。

① 現金過不足勘定が借方残高であったとき
② 現金過不足勘定が貸方残高であったとき

①		②	

　現金過不足勘定の記録が次のようであったとき，決算にあたって，現金過不足勘定の残高金額を雑損勘定または雑益勘定に振り替えるための仕訳を示しなさい。

	現　　金　　過　　不　　足		
現　　　　金	5,000	消　耗　品　費	2,200
通　信　費	600	旅　費　交　通　費	900
		現　　　　金	1,000
		消　耗　品　費	300

借方		貸方	
勘定科目	金額	勘定科目	金額

　決算にあたり，現金の実際有高を確認したところ，帳簿残高よりも 800 円多かった。その後，現金過不足が生じた原因について調査したところ，次のことが判明した。これらの事項に基づいて決算にあたって行うべき仕訳をすべて示しなさい。勘定は，次のなかから最も適切なものを使用すること。なお，現金の実際有高を確認する直前において，現金過不足勘定の残高はゼロであった。

- 旅費交通費 24,000 円を現金で支払った際，誤ってその金額を 27,000 円と仕訳していた。
- 消耗品 2,500 円を現金で購入した際，その仕訳を行うことを失念していた。

現　　金	現　金　過　不　足	旅　費　交　通　費
消　耗　品　費	雑　　益	雑　　損

借方		貸方	
勘定科目	金額	勘定科目	金額

16 仮払金と仮受金，立替金と預り金

問題 16-1

次の取引を仕訳したとき，現金勘定の相手勘定が何勘定になるか答えなさい。

① 用度係に対して，今週分の小口現金として現金 30,000 円を渡した。

② チャージ式交通系 IC カードに現金 5,000 円をチャージした。

③ 現金 60,000 円を普通預金口座に預け入れた。

④ 来月発売の商品を予約し，その内金として現金 20,000 円を支払った。

⑤ 出張前の従業員に対して，旅費交通費の概算額として現金 40,000 円を渡した。

⑥ 現金の実際有高を確認したところ，帳簿残高よりも 7,700 円少なかった。

①		②		③	
④		⑤		⑥	

問題 16-2

次の一連の取引を仕訳しなさい。勘定は，次のなかから最も適切なものを選んで使用すること。

現　　金　　　仮　払　金　　　旅　費　交　通　費

① 従業員の出張に先立ち，出張中の旅費交通費の概算額として現金 45,000 円を前渡しした。

② ①の従業員が帰社し，旅費交通費として 42,000 円使用した旨，報告を受けた。なお，残りの 3,000 円は現金で返金を受けた。

	借方		貸方	
	勘定科目	金額	勘定科目	金額
①				
②				

次の一連の取引を仕訳したうえで，仮受金勘定に転記しなさい。なお，勘定の（　　　）には適切な語句を，〔　　　〕には適切な金額を記入すること。また，勘定は，次のなかから最も適切なものを選んで使用すること。

普 通 預 金　　　　売 掛 金　　　　仮 受 金

①　普通預金口座に 436,000 円の振り込みがあったが，その詳細が分からなかったため，仮受金として処理した。

②　①の仮受金について，取引先から，先月分の売掛金を支払ったものである旨，連絡を受けた。

	借方		貸方	
	勘定科目	金額	勘定科目	金額
①				
②				

仮　　　　　受　　　　　金

（　　　　　　　）〔　　　　　　　〕 ｜ （　　　　　　　）〔　　　　　　　〕

次の取引を仕訳したとき，現金勘定の相手勘定が何勘定になるか答えなさい。

①　商品の販売に際して，顧客が負担すべき登録料 32,000 円を現金で立て替えた。この金額は，後日，その顧客から商品の代金とあわせて回収する予定である。

②　親族が結婚した役員に頼まれて，ご祝儀として 200,000 円を支払った。なお，この金額は，当社が会社として負担すべきものではないため，後日，この役員の給料から天引きすることとなっている。

③　従業員から請求された出張旅費 15,600 円（従業員が立て替えたものである）を現金で支払った。

①		②		③	

問題 16−5

次の一連の取引を仕訳したうえで，預り金勘定に転記しなさい。なお，勘定の（　　　）には適切な語句を，〔　　　〕には適切な金額を記入すること。また，勘定は，次のなかから最も適切なものを選んで使用すること。

現　　　　金　　　預　　り　　金　　　仮　受　消　費　税
売　　　　上　　　租　税　公　課

① 商品185,000円（税抜）を売り上げ，代金は消費税（税抜金額に対して10%），この商品の購入に際して顧客が負担すべき登録料5,500円とあわせて現金で受け取った。なお，この登録料は，後日，当社がこの顧客に代わって国に納付することとなっている。
② ①で顧客から預かった登録料5,500円を現金で納付した。

	借方		貸方	
	勘定科目	金額	勘定科目	金額
①				
②				

預　　　　　り　　　　　金

（　　　　　　　） 〔　　　　　　〕 │ （　　　　　　　） 〔　　　　　　〕

問題 16−6

次の取引を仕訳しなさい。勘定は，次のなかから最も適切なものを選んで使用すること。

現　　　　　金　　小　口　現　金　　現 金 過 不 足　　立　　替　　金
従 業 員 立 替 金　　仮　　払　　金　　社会保険料預り金　　法 定 福 利 費
旅 費 交 通 費　　消　耗　品　費　　諸　　会　　費　　雑　　　　　費

① かねて取引先の依頼で立て替えていた商店会費30,000円について，現金で返還を受けた。
② 従業員が出張から戻り，出張中の旅費交通費として17,800円を使用した旨の報告を受けた。なお，この従業員には出張前に出張旅費の概算額として15,000円を渡していたが，不足があったため，2,800円を追加で支払った。
③ 現金過不足が生じた原因について調査したところ，消耗品8,800円を現金で購入したときに仕訳を失念していたことが判明した。
④ かねて従業員の給料から引き落としていた社会保険料45,000円を当社負担分45,000円とあわせて現金で納付した。

⑤ 小口現金係から今週分の小口現金の使用状況について，旅費交通費として 16,700 円，消耗品費として 6,600 円，雑費として 2,900 円使用した旨の報告を受けた。

	借方		貸方	
	勘定科目	金額	勘定科目	金額
①				
②				
③				
④				
⑤				

17 小切手，約束手形

次の文章の（　　　　）に当てはまる語句を語群のなかから選んで答えなさい。なお，同じ番号のところには同じ語句が入る。

　小切手は，（　①　）口座からの支払いを（　②　）に対して依頼するもので，これを利用すると，自らが銀行を訪れて預金を引き出さなくても，また，振込みの手続きをしなくても預金口座からの支払いを行うことができる。

　小切手に必要事項を記入して，相手に渡すことを小切手の（　③　）というが，簿記では，（　③　）を行ったときに（　①　）勘定の金額を減少させる。一方，小切手を受け取ったときは，（　①　）勘定ではなく，（　④　）勘定の金額を増加させる。他の企業等から受け取った小切手である（　⑤　）は，簿記上，（　⑥　）の1つとして，法定通貨（紙幣や硬貨）と同じように処理される。

〔語群〕

現　　　　金	支　払　先	他人振出小切手	通貨代用証券
取　引　銀　行	当　座　預　金	普　通　預　金	振　出　し

①		②		③	
④		⑤		⑥	

問題 17 - 2

次の一連の取引を仕訳しなさい。勘定は，次のなかから最も適切なものを選んで使用すること。また，仕訳の必要がない場合は，借方の勘定科目欄に仕訳なしと記入すること。

現　　　　金　　　当　座　預　金　　　買　掛　金　　　仕　　　　入

① 商品 1,200,000 円を仕入れ，代金は小切手を振り出して支払った。
② ①で振り出した小切手が取り立てられ，当座預金口座から 1,200,000 円が支払われた。

	借方		貸方	
	勘定科目	金額	勘定科目	金額
①				
②				

次の一連の取引を仕訳しなさい。勘定は，次のなかから最も適切なものを選んで使用すること。また，仕訳の必要がない場合は，借方の勘定科目欄に仕訳なしと記入すること。

現　　　金　　　当座預金　　　売掛金　　　売　　　上

① 商品 1,200,000 円を売り上げ，代金は先方振出の小切手で受け取った。
② ①で受け取った小切手について，小切手に書かれている支払場所にその小切手を呈示し，現金（通貨）1,200,000 円を受け取った。

	借方		貸方	
	勘定科目	金額	勘定科目	金額
①				
②				

次の一連の取引を仕訳しなさい。勘定は，次のなかから最も適切なものを選んで使用すること。また，仕訳の必要がない場合は，借方の勘定科目欄に仕訳なしと記入すること。

現　　　金　　　当座預金　　　売　掛　金
売　　　上　　　支払手数料

① 得意先に対する売掛金 3,770,000 円を先方振出の小切手で回収した。
② ①で受け取った小切手について，取引銀行に取立てを依頼したところ，手数料 1,000 円を差し引かれた残額が当座預金口座に振り込まれた。

	借方		貸方	
	勘定科目	金額	勘定科目	金額
①				
②				

問題 **17－5**

次の文章の（　　　）に当てはまる語句を語群のなかから選んで答えなさい。なお，同じ番号のところには同じ語句が入る。

　小切手と約束手形は，どちらも（　①　）口座から支払いを行うときに使用されるが，両者の最大の違いは，支払期日を指定できるかどうかにある。（　②　）を使用した場合は支払期日を指定できないが，（　③　）を使用した場合は支払期日を指定できる。

　このため，どちらを使用するかによって会計処理も変わる。（　②　）を使用した場合は，いつ支払いが行われてもおかしくなく，自身が自由に使えるお金でなくなっていることから，振出しと同時に（　①　）勘定の残高を減らす記録をする。これに対して，（　③　）を使用した場合は，支払期日が到来するまで当座預金を自由に使うことができるから，（　①　）勘定の残高を減らさずに，将来に支払うべき金額を（　④　）勘定に記録する。

〔語群〕

受 取 手 形	現　　　　金	小 切 手
支 払 手 形	当 座 預 金	約 束 手 形

①		②		③		④	

問題 17－6

次の一連の取引を仕訳したうえで，買掛金勘定および支払手形勘定に転記しなさい。なお，勘定の（　　　）には適切な語句を，〔　　　〕には適切な金額を記入し，不要な欄には――と記入すること。勘定は，次のなかから最も適切なものを選んで使用すること。

当　座　預　金　　　支　払　手　形　　　買　掛　金　　　仕　　　　　入

① 商品93,000円を仕入れ，代金は引取運賃500円とあわせて掛けとした。

② 商品74,000円を仕入れ，代金は引取運賃500円とあわせて掛けとした。

③ ①・②で発生した買掛金について，約束手形168,000円を振り出して支払った。

④ ③で振り出した約束手形の支払期日となり，当座預金口座から代金が引き落とされた。

	借方		貸方	
	勘定科目	金額	勘定科目	金額
①				
②				
③				
④				

買　　　　掛　　　　金

(	)	〔	〕	(	)	〔	〕
(	)	〔	〕	(	)	〔	〕

支　　払　　手　　形

(	)	〔	〕	(	)	〔	〕

次の一連の取引を仕訳したうえで，売掛金勘定および受取手形勘定に転記しなさい。なお，勘定の（　　　）には適切な語句を，〔　　　〕には適切な金額を記入し，不要な欄には――と記入すること。勘定は，次のなかから最も適切なものを選んで使用すること。

現　　　　　金　　　当　座　預　金　　　受　取　手　形
売　　掛　　金　　　売　　　　　上　　　支　払　手　数　料

① 商品 202,000 円を売り上げ，代金は掛けとした。
② 商品 185,000 円を売り上げ，代金は掛けとした。
③ ①・②で発生した売掛金について，先方振出の約束手形 387,000 円で受け取った。
④ ③で受け取った約束手形の支払期日となり，取引銀行に取立てを依頼したところ，手数料 1,000 円が差し引かれた残額が当座預金口座に振り込まれた。

	借方		貸方	
	勘定科目	金額	勘定科目	金額
①				
②				
③				
④				

売　　　　掛　　　　金

（　　　　　）	〔　　　　　〕	（　　　　　）	〔　　　　　〕
（　　　　　）	〔　　　　　〕	（　　　　　）	〔　　　　　〕

受　　取　　手　　形

（　　　　　）	〔　　　　　〕	（　　　　　）	〔　　　　　〕

次の取引を仕訳しなさい。勘定は，次のなかから最も適切なものを選んで使用すること。

現 金	当 座 預 金	普 通 預 金	受 取 手 形
売 掛 金	支 払 手 形	買 掛 金	売 上
仕 入	支 払 手 数 料		

① かねて買掛金を支払うために約束手形 1,522,000 円を振り出していたが，本日，その支払期日が到来し，当座預金口座から全額が支払われた。

② 商品 499,000 円を売り上げ，代金は先方振出の小切手で受け取った。

③ 得意先に対する売掛金 241,000 円を先方振出の約束手形で受け取った。

④ 買掛金 535,000 円を普通預金口座から振り込んだ。手数料 500 円も普通預金口座から引き落とされた。

⑤ かねて受け取っていた受取手形 1,430,000 円について支払期日が到来し，取引銀行に取立てを依頼したところ，手数料 1,000 円を差し引かれた残額が普通預金口座に入金された。

	借方		貸方	
	勘定科目	金額	勘定科目	金額
①				
②				
③				
④				
⑤				

18　電子記録債権と電子記録債務，当座借越

問題 18−1

次の文章の（　　　）に当てはまる語句を語群のなかから選んで答えなさい。なお，同じ番号のところには同じ語句が入る。

　電子記録債権，電子記録債務とは，小切手や手形の振り出しによって生じていた（　①　）（金銭を受け取る権利）や，（　②　）（金銭を支払う義務）をデータ化したものである。電子記録債権，電子記録債務を利用することのメリットとしては，紛失のリスクがなくなることや，（　③　）を納める経済的負担がなくなることがあげられる。

　データベースへの記録は，原則として金融機関が行うため，電子記録債権，電子記録債務を発生させたいときは，取引銀行に対してデータベースへの記録を依頼する必要がある。この電子記録債権，電子記録債務を発生させる記録のことを（　④　）という。（　④　）は，債権者側（受取側），債務者側（支払側）のどちらから行うこともできるが，通常は，（　⑤　）側が行う。

〔語群〕

印　紙　税	金　銭　債　権		金　銭　債　務
債　権　者	債　務　者		発　生　記　録

①		②		③	
④		⑤			

問題 18−2

　卸売業を営む滋賀株式会社は，小売業を営む愛知株式会社との間で掛取引を行っている。次の一連の取引を滋賀株式会社，愛知株式会社それぞれの立場から仕訳しなさい。なお，この一連の取引で売買されている物品は滋賀株式会社，愛知株式会社のどちらにおいても商品として取り扱われるものである。勘定は，次のなかから最も適切なものを選んで使用すること。

当　座　預　金	電子記録債権	電子記録債務
売　　　　　上	仕　　　　　入	支払手数料

① 愛知株式会社は，滋賀株式会社から商品 557,000 円を仕入れた。愛知株式会社は，商品代金を支払うため，取引銀行に電子記録債務の発生記録を行った。発生記録の依頼に係る手数料 400 円は当座預金口座から引き落とされた。

② ①の電子記録債務の支払期日が到来し，愛知株式会社の当座預金口座から 557,000 円が支払われた。滋賀株式会社の当座預金口座には，入金手数料 200 円が差し引かれた残額が振り込まれた。

〔滋賀株式会社〕

	借方		貸方	
	勘定科目	金額	勘定科目	金額
①				
②				

〔愛知株式会社〕

	借方		貸方	
	勘定科目	金額	勘定科目	金額
①				
②				

問題 18－3

次の一連の取引を仕訳したうえで，買掛金勘定および電子記録債務勘定に転記しなさい。なお，勘定の（　　　）には適切な語句を，〔　　　〕には適切な金額を記入し，不要な欄には――と記入すること。勘定は，次のなかから最も適切なものを選んで使用すること。

当 座 預 金　　　電子記録債務　　　買　掛　金　　　仕　　　入

① 商品 145,000 円を仕入れ，代金は掛けとした。

② 商品 162,000 円を仕入れ，代金は掛けとした。

③ ①・②で発生した買掛金 307,000 円について，電子記録債務の発生記録が行われた。なお，この発生記録は仕入先が行ったものであり，当社が手数料を負担する必要はない。

④ ③で受け取った電子記録債務の支払期日となり，当座預金口座から 307,000 円が引き落とされた。

	借方		貸方	
	勘定科目	金額	勘定科目	金額
①				
②				
③				
④				

買　　　掛　　　金

(　　　　　　) 〔 　　　　 〕 | (　　　　　　) 〔 　　　　 〕
(　　　　　　) 〔 　　　　 〕 | (　　　　　　) 〔 　　　　 〕

電 子 記 録 債 務

(　　　　　　) 〔 　　　　 〕 | (　　　　　　) 〔 　　　　 〕

問題 18−4

当座預金に係る次の一連の取引について，各問いに答えなさい。

(20X1 年度中の取引)

①　当座預金口座を開設し，普通預金口座から 1,000,000 円を振り替えた。なお，当座預金口座の開設とともに，当座借越契約を締結した。借越限度額は 500,000 円である。

②　買掛金 850,000 円を支払うため，約束手形を振り出した。

③　商品 300,000 円を仕入れ，代金は小切手を振り出して支払った。

④　③で振り出した小切手が取り立てられ，当座預金口座から 300,000 円が支払われた。

⑤　②で振り出した約束手形の支払期日が到来し，当座預金口座から 850,000 円が支払われた。

(20X1 年度の決算整理事項)

⑥　決算にあたり，当座預金口座の貸方残高を当座借越勘定に振り替えた。

(20X2 年度の再振替仕訳)

⑦　当座借越勘定の残高金額を当座預金勘定に振り替えた。

(1)　20X1 年度中の取引を仕訳しなさい。勘定は，次のなかから最も適切なものを選んで使用すること。なお，仕訳の必要がない場合は，借方の勘定科目欄に仕訳なしと記入すること。

現　　　金　　　当　座　預　金　　　普　通　預　金
支　払　手　形　　　買　　掛　　金　　　仕　　　入

	借方		貸方	
	勘定科目	金額	勘定科目	金額
①				
②				
③				
④				
⑤				

（2）　①〜⑤の取引を当座預金勘定に転記しなさい。なお，勘定の（　　　）には適切な語句を，〔　　　〕には適切な金額を記入し，不要な欄には――と記入すること。

当　　座　　預　　金

（　　　　　　）〔　　　　　　〕	（　　　　　　）〔　　　　　　〕
（　　　　　　）〔　　　　　　〕	（　　　　　　）〔　　　　　　〕

（3）　20X1 年度終了時（決算整理前）における当座預金勘定の残高金額を答えなさい。なお，借方残高か貸方残高かをあわせて答えること。

解答	（　　　　　残高）

（4）　⑥の振替仕訳を行ったうえで，当座預金勘定および当座借越勘定に転記しなさい（当座預金勘定については，（2）で行った記録も繰り返し行うこと）。なお，勘定の（　　　）には適切な語句を，〔　　　〕には適切な金額を記入し，不要な欄には――と記入すること。

	借方		貸方	
	勘定科目	金額	勘定科目	金額
⑥				

当　　　座　　　預　　　金

(	)	〔	〕	(	)	〔	〕
(	)	〔	〕	(	)	〔	〕

当　　　座　　　借　　　越

(	)	〔	〕	(	)	〔	〕

（5）　⑦の再振替仕訳を行ったうえで，20X2年度の当座預金勘定および当座借越勘定に転記しなさい。なお，勘定の（　　　）には適切な語句を，〔　　　〕には適切な金額を記入し，不要な欄には――と記入すること。

	借方		貸方	
	勘定科目	金額	勘定科目	金額
⑦				

当　　　座　　　預　　　金

(	)	〔	〕	(	)	〔	〕

当　　　座　　　借　　　越

(	)	〔	〕	前　期　繰　越	150,000

19 貸付金と借入金，手形貸付金と手形借入金

次の文章の（　　　）に当てはまる語句を語群のなかから選んで答えなさい。

　貸付金も立替金も，第三者のために企業が一時的に金銭を支出するという意味では同じである。両者の違いは，金銭を支出する相手と，金銭の返還を受ける相手が一致するかどうかにある。第三者に対して金銭を渡し，その後，その第三者から返還を受ける場合は（　①　），第三者のために他の者への支払いを行い，その後，もともとその金額を支払うべきであった第三者から返還を受ける場合は（　②　）となる。

〔語群〕

貸　付　金　　　　立　替　金

①		②	

次の文章の（　　　）に当てはまる語句を語群のなかから選んで答えなさい。

　預り金も借入金も，将来，企業が手放さなければならない金額という意味では同じである。両者の違いは，金銭を支出した相手と，手放した金銭を受け取る相手が一致するかどうかにある。第三者から金銭を受け取り，その後，その第三者に対して返済する場合は（　①　），第三者から金銭を受け取り，その後，その金銭を他の者に引き渡す場合は（　②　）となる。

〔語群〕

預　り　金　　　　借　入　金

①		②	

次の一連の取引を仕訳したうえで，貸付金勘定に転記しなさい。なお，勘定の（　　）には適切な語句を，〔　　〕には適切な金額を記入すること。勘定は，次のなかから最も適切なものを選んで使用すること。

当 座 預 金　　　　貸 付 金　　　　受 取 利 息

① 取引先に対して3,000,000円を小切手を振り出して貸し付けた。

② 取引先から当座預金口座に3,003,000円が振り込まれた。この金額は，①の貸付金3,000,000円の返済額と，この貸付けに係る利息3,000円の合計額である。

	借方		貸方	
	勘定科目	金額	勘定科目	金額
①				
②				

貸　　　付　　　金

(	)	〔	〕	(	)	〔	〕

次の一連の取引を仕訳したうえで，借入金勘定に転記しなさい。なお，勘定の（　　）には適切な語句を，〔　　〕には適切な金額を記入すること。勘定は，次のなかから最も適切なものを選んで使用すること。

普 通 預 金　　　　借 入 金　　　　支 払 利 息

① 取引銀行から5,000,000円を借り入れ，全額，普通預金口座に入金された。なお，借入期間は1年間，利息は借入金額に対して2％である。

② ①の借入金の返済日となり，普通預金口座から借入額5,000,000円に利息を加えた金額が引き落とされた。

	借方		貸方	
	勘定科目	金額	勘定科目	金額
①				
②				

借　　　入　　　金

(	)	〔	〕	(	)	〔	〕

次の各取引について，借入金勘定に記録されるもの，手形借入金勘定に記録されるもの，支払手形勘定に記録されるものに分けなさい。

① 買掛金 692,000 円を支払うため，約束手形を振り出した。

② 現金 3,000,000 円を借り入れ，借入先の要請に基づいて約束手形 3,100,000 円を振り出した。

③ 取引先から小切手 2,000,000 円の振り出しを受けた。これは当面の運転資金として一時的に借り入れたものであり，半年後に返済することとなっている。

借入金勘定に記録されるもの	
手形借入金勘定に記録されるもの	
支払手形勘定に記録されるもの	

次の一連の取引を仕訳したうえで，手形貸付金勘定に転記しなさい。なお，勘定の（　　　）には適切な語句を，〔　　　〕には適切な金額を記入すること。勘定は，次のなかから最も適切なものを選んで使用すること。

現　　　　金　　　当　座　預　金　　　受　取　手　形　　　貸　付　金
手　形　貸　付　金　　　受　取　利　息　　　支　払　手　数　料

① 取引先に対して現金 2,000,000 円を貸し付け，その返済日を支払期日とする約束手形 2,050,000 円の振り出しを受けた。貸付額との差額は，この貸付けに係る利息相当額である。

② ①で受け取った約束手形の支払期日が到来し，取引銀行に取立てを依頼したところ，手数料 1,000 円が差し引かれた残額が当座預金口座に振り込まれた。

	借方		貸方	
	勘定科目	金額	勘定科目	金額
①				
②				

手　形　貸　付　金

（　　　　　　）	〔　　　　　〕	（　　　　　　）	〔　　　　　〕

次の一連の取引を仕訳したうえで，手形借入金勘定に転記しなさい。なお，勘定の（　　）には適切な語句を，〔　　〕には適切な金額を記入すること。勘定は，次のなかから最も適切なものを選んで使用すること。

| 現　　　　金 | 当座預金 | 支払手形 |
| 借　　入　　金 | 手形借入金 | 支払利息 |

① 取引先から 8,000,000 円を借り入れ，全額，先方振出の小切手で受け取った。この際，取引先の要請を受けて，約束手形 8,200,000 円を振り出した。借入額との差額は，この借入れに係る利息相当額である。

② ①で振り出した約束手形の支払期日となり，当座預金口座から 8,200,000 円が支払われた。

	借方		貸方	
	勘定科目	金額	勘定科目	金額
①				
②				

手　形　借　入　金

（　　　　　　　）〔　　　　　　〕｜（　　　　　　　）〔　　　　　　〕

次の取引を仕訳しなさい。勘定は，次のなかから最も適切なものを選んで使用すること。

当座預金	普通預金	受取手形	貸付金
手形貸付金	支払手形	借入金	手形借入金
受取利息	支払手数料	支払利息	

① 普通預金口座から 765,000 円が引き落とされた。この金額は，借入金の返済額 750,000 円と，この借入れに係る利息 15,000 円の合計額である。

② 当座預金口座から 840,000 円が支払われた。この金額はかねて取引先から金銭を借り入れたときに振り出した約束手形に記入した金額で，このうち 40,000 円はこの借入れに係る利息相当額である。

③ 普通預金口座に 2,040,000 円が振り込まれた。この金額は，かねて取引先に貸し付けていた金額 2,000,000 円と，この貸付けに係る利息 40,000 円の合計額である。

④ 貸付けのため，取引先に対して小切手 900,000 円を振り出した。なお，取引先から約束手形 927,000 円を受け取っているが，このうち 27,000 円はこの貸付けに係る利息相当額である。

⑤ 貸付けのため，普通預金口座から 3,000,000 円を振り込んだ。振込手数料 500 円も普通預金口座から引き落とされた。貸付期間は 1 年間であり，この貸付けに係る利息 90,000 円は，全額，返済時に受け取ることになっている。

	借方		貸方	
	勘定科目	金額	勘定科目	金額
①				
②				
③				
④				
⑤				

20 金銭債権の貸倒れ，保証金

問題20－1

次の文章の（　　　）に当てはまる語句を語群のなかから選んで答えなさい。なお，同じ番号のところには同じ語句が入る。

取引先の倒産などによって売掛金を回収したり，貸付金の返済を受けたりすることができなくなることを（　①　）という。簿記では，金銭を受け取る権利（金銭債権）が生じたときに，その金額を資産として記録しているため，（　①　）が生じたときは，その金額をその金銭債権が記録されていた勘定から取り除くとともに，これによる純資産の減少額を（　②　）勘定に記録する。

今日の簿記では，企業外部の人々に対して，タイムリーな情報提供を行うため，企業の活動期間を一定期間ごとに区切って財務諸表を作成するが，金銭債権について（　①　）のリスクがある場合は，このリスクを財務諸表上も明らかにすべきという考え方がある。

この考え方のもとでは，決算にあたっては，（　①　）が生じた場合に見込まれる金銭債権の減少額を（　③　）勘定に計上することが望ましいものとされる。（　③　）勘定は，金銭債権を減少させる代わりとして使用される勘定であるため，その金額は（　④　）に記録される。

（　③　）勘定に金銭債権の減少見込額を計上した場合，その仕訳の相手勘定は，（　⑤　）勘定となる。（　⑤　）勘定は，当期の（　⑥　）として，当期の純損益の計算上，収益の額から控除される。（　③　）の計上には，将来に（　①　）が生じた場合の損失額を前倒しで計上する効果がある。

〔語群〕

貸	方	貸	倒	れ	貸	倒	損	失	貸	倒	引	当	金
貸倒引当金繰入		借		方	負		債		費				用

①		②		③	
④		⑤		⑥	

問題20－2

次のそれぞれの状況において，貸倒引当金として設定すべき金額（金銭債権の期末残高に貸倒実績率を掛けた金額）を計算しなさい。

① 金銭債権の期末残高：8,000,000 円，貸倒実績率：2%

② 金銭債権の期末残高：4,000,000 円，貸倒実績率：3.5%

③ 金銭債権の期末残高：9,530,000 円，貸倒実績率：2.4%

①		②		③	

問題 20－3

売掛金 2,000,000 円が貸し倒れた。この場合に行うべき仕訳について，①貸倒引当金がなかった場合，②貸倒引当金の残高が 1,600,000 円であった場合，③貸倒引当金の残高が 2,800,000 円であった場合のそれぞれについて示しなさい。なお，この売掛金は前期に売り上げた商品に係るものである。勘定は，次のなかから最も適切なものを選んで使用すること。

売　掛　金　　　　貸 倒 引 当 金　　　　貸 倒 損 失

	借方		貸方	
	勘定科目	金額	勘定科目	金額
①				
②				
③				

問題 20－4

売掛金 1,200,000 円が貸し倒れた。また，このときの貸倒引当金の残高は 1,000,000 円であった。この場合に行うべき仕訳について，①売掛金が前期以前に発生したものである場合，②売掛金が当期に発生したものである場合のそれぞれについて示しなさい。勘定は，次のなかから最も適切なものを選んで使用すること。

売　掛　金　　　　貸 倒 引 当 金　　　　貸 倒 損 失

	借方		貸方	
	勘定科目	金額	勘定科目	金額
①				
②				

問題20−5

　決算にあたり，売掛金の期末残高 5,900,000 円に対して 4%の貸倒引当金を設定する。貸倒引当金の設定に係る仕訳を①洗替法で行っていた場合と，②差額補充法で行っていた場合のそれぞれの方法で示しなさい。なお，貸倒引当金の期末残高は 150,000 円であった。勘定は，次のなかから最も適切なものを選んで使用すること。

　　　売　　掛　　金　　　貸　倒　引　当　金　　　貸倒引当金戻入　　　貸倒引当金繰入

	借方		貸方	
	勘定科目	金額	勘定科目	金額
①				
②				

問題20−6

　次の取引を仕訳しなさい。勘定は，次のなかから最も適切なものを選んで使用すること。

　　　　　現　　　　金　　　売　　掛　　金　　　償却債権取立益

① 売掛金 200,000 円を現金で回収した。
② かねて貸倒れとして処理していた売掛金 5,000,000 円のうち 200,000 円を現金で回収した。

	借方		貸方	
	勘定科目	金額	勘定科目	金額
①				
②				

次の一連の取引を仕訳したうえで，差入保証金勘定に転記しなさい。なお，勘定の（　　　）には適切な語句を，〔　　　〕には適切な金額を記入し，不要な欄には――と記入すること。勘定は，次のなかから最も適切なものを選んで使用すること。

当　座　預　金　　　差　入　保　証　金　　　支　払　家　賃　　　支　払　手　数　料

① 事務所として使用するため，ビルの一室を借り入れた。この借り入れにあたって，向こう2か月分の家賃900,000円，敷金1,800,000円および不動産会社に対する仲介手数料900,000円を小切手を振り出して支払った。

② ①で借り入れたビルの一室について賃借契約を終了した。敷金1,800,000円は，全額返金され，当座預金口座に振り込まれた。

	借方		貸方	
	勘定科目	金額	勘定科目	金額
①				
②				

差　入　保　証　金

（　　　　　　　　）〔　　　　　　〕｜（　　　　　　　　）〔　　　　　　〕

21　有形固定資産の売却，月次決算を行う場合の減価償却

問題21−1

土地を売却したときの仕訳において行われる処理を，これらが行われる順に並び変えなさい。解答は記号によって示すこと。

① 売却した土地の取得原価を土地勘定から取り除く

② 売却によって生じた損失または利益の額を計上する

③ 売却するために必要な費用の額を計上する

④ 売却によって受け取る金額を記録する

解答	→ 　　　 → 　　　 →

問題21−2

次のそれぞれの状況について，有形固定資産の売却による損失または利益の額を計算しなさい。

① 土地（取得原価：35,000,000円）を48,000,000円で売却した。なお，売却にあたって，手数料3,600,000円を支払った。

② 土地（取得原価：19,000,000円）を20,000,000円で売却した。なお，売却にあたって，手数料1,700,000円を支払った。

③ 備品（取得原価：770,000円，減価償却累計額550,000円）を80,000円で売却した。なお，売却にあたって，手数料15,000円を支払った。

④ 備品（取得原価から減価償却費の累計額を控除した帳簿価額：1,080,000円）を300,000円で売却した。なお，売却にあたって，手数料80,000円を支払った。

①	（ 損失 ・ 利益 ）
②	（ 損失 ・ 利益 ）
③	（ 損失 ・ 利益 ）
④	（ 損失 ・ 利益 ）

（損失・利益のどちらか一方に○をつけること）

当社が保有する土地 150 ㎡（1 ㎡あたり 140,000 円で取得したものである）のうち 60 ㎡を 1 ㎡あたり 160,000 円で売却し，代金は後日受け取ることにした。なお，売却にあたって要した諸費用 1,020,000 円は現金で支払っている。この取引を仕訳しなさい。勘定は，次のなかから最も適切なものを選んで使用すること。

現　　　金　　　　土　　　地　　　　未　収　入　金
固定資産売却益　　　　固定資産売却損

借方		貸方	
勘定科目	金額	勘定科目	金額

当社が保有する車両運搬具（取得原価：2,100,000 円，減価償却累計額：1,800,000 円）を 50,000 円で売却し，代金は現金で受け取った。この取引を仕訳しなさい。勘定は，次のなかから最も適切なものを選んで使用すること。なお，減価償却の仕訳は間接法により行っており，また，当期の減価償却費について考える必要はない。

現　　　　　金　　　車　両　運　搬　具　　　車両運搬具減価償却累計額
固　定　資　産　売　却　益　　　固　定　資　産　売　却　損

借方		貸方	
勘定科目	金額	勘定科目	金額

車両運搬具に係る一連の取引について，各問いに答えなさい。なお，会計期間は，毎年 4 月 1 日から翌 3 月 31 日までの 1 年間であり，1 年未満の期間に係る金額は月割計算によって求めること。また，仕訳を行う必要がある場合，勘定は次のなかから最も適切なものを選んで使用すること。

現　　　　　金　　　当　座　預　金　　　車　両　運　搬　具　　　減価償却累計額
固定資産売却益　　　減　価　償　却　費　　　固　定　資　産　売　却　損　　　損　　　　　益

（1）　20X1年度に行う記録について，次の①〜③を仕訳したうえで，車両運搬具勘定，減価償却累計額勘定および減価償却費勘定への記録を行いなさい。なお，勘定の（　　　）には適切な語句を，〔　　　〕には適切な金額を記入し，不要な欄には——と記入すること。

①　20X1年7月1日，車両運搬具2,880,000円を購入し，代金は小切手を振り出して支払った。
②　20X2年3月31日，決算にあたり，この車両運搬具について定額法により減価償却を行う。車両運搬具の耐用年数は4年，残存価額は0円である。また，減価償却の仕訳は間接法によって行うこと。
③　20X2年3月31日，②で計上した減価償却費の額を損益勘定に振り替える。

	借方		貸方	
	勘定科目	金額	勘定科目	金額
①				
②				
③				

車　両　運　搬　具

（　　　　　）〔　　　　〕｜（　　　　　）〔　　　　〕

減　価　償　却　累　計　額

（　　　　　）〔　　　　〕｜（　　　　　）〔　　　　〕

減　価　償　却　費

（　　　　　）〔　　　　〕｜（　　　　　）〔　　　　〕

（2）　20X2年度に行う記録について，次の④・⑤を仕訳したうえで，減価償却累計額勘定および減価償却費勘定への記録を行いなさい。なお，勘定の（　　　）には適切な語句を，〔　　　〕には適切な金額を記入し，不要な欄には——と記入すること。

④　20X3年3月31日，決算にあたり，車両運搬具について定額法により減価償却を行う。
⑤　20X3年3月31日，④で計上した減価償却費の額を損益勘定に振り替える。

	借方		貸方	
	勘定科目	金額	勘定科目	金額
④				
⑤				

減 価 償 却 累 計 額

（　　　　　） 〔　　　　　〕	前　期　繰　越	540,000	
（　　　　　） 〔　　　　　〕	（　　　　　）	〔　　　　　〕	

減 価 償 却 費

（　　　　　） 〔　　　　　〕	（　　　　　） 〔　　　　　〕

（3）　20X3 年度に行う記録について，次の⑥・⑦を仕訳したうえで，車両運搬具勘定，減価償却累計額勘定，減価償却費勘定および固定資産売却損勘定または固定資産売却益勘定への記録を行いなさい。なお，勘定の（　　　）には適切な語句を，〔　　　　〕には適切な金額を記入し，不要な欄には――と記入すること。

⑥　20X3 年 11 月 30 日，車両運搬具を 100,000 円で売却し，代金は現金で受け取った。
⑦　20X4 年 3 月 31 日，決算にあたり，⑥で計上した減価償却費の額および固定資産売却損または固定資産売却益の額を損益勘定に振り替える。

	借方		貸方	
	勘定科目	金額	勘定科目	金額
⑥				
⑦				

車 両 運 搬 具

前　期　繰　越	2,880,000	（　　　　　）	〔　　　　　〕

減 価 償 却 累 計 額

（　　　　　） 〔　　　　　〕	前　期　繰　越	1,260,000	
（　　　　　） 〔　　　　　〕	（　　　　　）	〔　　　　　〕	

減 価 償 却 費

（　　　　　） 〔　　　　　〕	（　　　　　） 〔　　　　　〕

固 定 資 産 売 却 （　　　　　）

（　　　　　） 〔　　　　　〕	（　　　　　） 〔　　　　　〕

当社では，タイムリーに業績を把握するため月次決算を行っており，保有する有形固定資産に係る減価償却費も毎月末に年額の12分の1（小数点以下切捨て）の金額を計上している。なお，決算月においては，1年分の減価償却費の額から決算月よりも前の各月に計上した減価償却費の額を差し引いた残額をその月の減価償却費の額としている。

当社が保有する次の建物について，1年分の減価償却費の額，決算月以外の各月に計上される減価償却費の額，および，決算月に計上される減価償却費の額を求めなさい。なお，当社では，設立以来，会計期間の長さが1年間でなかったことはない。

（資料）建物に関する情報

① この建物は前期以前に取得したものである。

② 取得原価は 63,826,000 円である。

③ 耐用年数は 47 年である。

④ 各期の減価償却費の額は定額法によって計算する。

1年分の減価償却費の額	
決算月以外の各月の減価償却費の額	
決算月の減価償却費の額	

22 第三者から商品の販売代金を受け取る場合の処理

問題22-1

次の一連の取引を仕訳したうえで，受取商品券勘定に転記しなさい。勘定の（　　　）には適切な語句を，〔　　　〕には適切な金額を記入し，不要な欄には――と記入すること。勘定は，次のなかから最も適切なものを選んで使用すること。

現　　　金　　普　通　預　金　　受　取　商　品　券　　売　　　上

① 商品 27,000 円を売り上げ，代金のうち 20,000 円は商品券で受け取り，残額は現金で受け取った。
② 商品 49,000 円を売り上げ，代金のうち 50,000 円は商品券で受け取り，お釣り 1,000 円は現金で支払った。
③ ①，②で受け取った商品券をその発行機関に送付し，代金を請求したところ，普通預金口座に 70,000 円が入金された。

	借方		貸方	
	勘定科目	金額	勘定科目	金額
①				
②				
③				

受　取　商　品　券

（　　　　　）	〔　　　　　〕	（　　　　　）	〔　　　　　〕
（　　　　　）	〔　　　　　〕	（　　　　　）	〔　　　　　〕

問題22－2

商品 9,800 円（税抜）を売り上げ，消費税（税抜価額に対して 10%）を含めた代金のうち 10,000 円は商品券で受け取り，残額は現金で受け取った。この取引を仕訳しなさい。勘定は，次のなかから最も適切なものを選んで使用すること。なお，消費税の処理は税抜方式によって行う。

現　　　　金　　　受 取 商 品 券　　　仮 受 消 費 税　　　売　　　　上

借方		貸方	
勘定科目	金額	勘定科目	金額

問題22－3

次の文章の（　　　）に当てはまる語句を語群のなかから選んで答えなさい。なお，同じ番号のところには同じ語句が入る。

クレジットカードは，その発行を受けた消費者が支払うべき金額を，クレジットカード会社が一時的に（　①　）することを，その支払先に対して示すものである。消費者は，クレジットカードを利用することにより，（　②　）をすることができ，かつ，分割払いなどの柔軟な支払方法を選択することができるようになる。

クレジットカードが利用された場合，消費者に対して商品を販売等する企業は，クレジットカード会社に対してその代金等を請求することになるが，消費者の利便性を高めることによる販売促進効果や，（　①　）をしてもらうことにより早期に，かつ，確実に代金を回収できることの見返りとして一定の（　③　）を負担しなければならない。

簿記上，（　③　）を費用の勘定に計上するタイミングとしては 2 つの方法があり，どちらの方法を選択するかにより，クレジット売掛金勘定に記録される金額が変わる。（　③　）を売上時に計上する場合は，クレジット売掛金勘定に（　④　）が記録され，（　③　）を入金時に計上する場合は，クレジット売掛金勘定に（　⑤　）が記録される。

〔語群〕

後　払　い　　　　立 替 払 い　　　手　数　料
将来の入金予定額　　　クレジットカードの利用額

①		②		③	
④			⑤		

次の一連の取引を仕訳したうえで,クレジット売掛金勘定に転記しなさい。勘定の(　　)には適切な語句を,〔　　〕には適切な金額を記入すること。勘定は,次のなかから最も適切なものを選んで使用すること。

　　　普 通 預 金　　　クレジット売掛金　　　売　　　　　上　　　支 払 手 数 料

① 商品157,000円を売り上げ,代金はクレジットカードを使って支払われた。なお,当社は,クレジットカードの利用額の5%をその手数料としてクレジットカード会社に支払うこととなっており,手数料の処理は売上時に行うものとしている。
② ①の売上代金について,クレジットカード会社に対して支払う手数料を差し引かれた残額が当社の普通預金口座に入金された。

	借方		貸方	
	勘定科目	金額	勘定科目	金額
①				
②				

ク レ ジ ッ ト 売 掛 金
(　　　　　)　〔　　　　　〕	(　　　　　)　〔　　　　　〕

商品240,000円(税抜)を売り上げ,消費税(税抜価額に対して10%)を含めた代金はクレジットカードで支払われた。なお,当社は,クレジットカードの利用額の4.5%をその手数料としてクレジットカード会社に支払うこととなっており,手数料の処理は売上時に行うものとしている。また,消費税の処理は税抜方式によっている。この取引を仕訳しなさい。勘定は,次のなかから最も適切なものを選んで使用すること。

　　　クレジット売掛金　　　仮 受 消 費 税　　　売　　　　　上　　　支 払 手 数 料

借方		貸方	
勘定科目	金額	勘定科目	金額

問題 22-6

次の一連の取引を仕訳したうえで，クレジット売掛金勘定に転記しなさい。勘定の（　　）には適切な語句を，〔　　〕には適切な金額を記入すること。勘定は，次のなかから最も適切なものを選んで使用すること。

普 通 預 金　　クレジット売掛金　　売　　　　上　　支 払 手 数 料

① 商品 187,000 円を売り上げ，代金はクレジットカードを使って支払われた。なお，当社は，クレジットカードの利用額の 3.8％をその手数料としてクレジットカード会社に支払うこととなっており，手数料の処理は入金時に行うものとしている。

② ①の売上代金について，クレジットカード会社に対して支払う手数料を差し引かれた残額が当社の普通預金口座に入金された。

	借方		貸方	
	勘定科目	金額	勘定科目	金額
①				
②				

クレジット売掛金

（　　　　　　　　） 〔　　　　　　〕 ｜ （　　　　　　　　　） 〔　　　　　　〕

問題 22-7

次の取引を仕訳しなさい。勘定は，次のなかから最も適切なものを選んで使用すること。

普 通 預 金　　　売　掛　金　　　受 取 商 品 券
クレジット売掛金　　　売　　　　上　　　支 払 手 数 料

① かねて商品 360,000 円を売り上げたときに，クレジットカードで代金の支払いを受けていたが，本日，クレジットカードの利用額から手数料を差し引いた残額が普通預金口座に振り込まれた。なお，当社は，クレジットカードの利用額の 6％をその手数料としてクレジットカード会社に支払うこととなっており，手数料の処理は売上時に行っている。

② 得意先から 726,800 円が普通預金口座に振り込まれた。この金額は，この得意先に対する売掛金 727,300 円から当社が負担することとなっている振込手数料 500 円を差し引いた残額である。

③ かねて商品 45,000 円を売り上げたときに，顧客から商品券 40,000 円を受け取っていたが，この商品券について発行機関に代金の支払いを請求したところ，本日，普通預金に入金があった。

④　かねて商品204,000円を売り上げたときに，クレジットカードで代金の支払いを受けていたが，本日，クレジットカードの利用額から手数料を差し引いた残額が普通預金口座に振り込まれた。なお，当社は，クレジットカードの使用額の4.1％をその手数料としてクレジットカード会社に支払うこととなっており，手数料の処理は入金時に行っている。

	借方		貸方	
	勘定科目	金額	勘定科目	金額
①				
②				
③				
④				

23　期末商品棚卸高の算定

問題23-1

　当社では，商品売買取引の処理を三分法により行っている。次の資料に基づいて，売上原価を計算するために必要な仕訳を，①売上原価を仕入勘定で計算する方法と，②売上原価を売上原価勘定で計算する方法のそれぞれによって示したうえで，売上原価の額を求めなさい。

（資料）
（1）　決算整理前の繰越商品勘定および仕入勘定の記録

<table>
<tr><td colspan="4" style="text-align:center">繰　越　商　品</td></tr>
<tr><td>前　期　繰　越</td><td>142,800</td><td></td><td></td></tr>
</table>

<table>
<tr><td colspan="4" style="text-align:center">仕　　　　　入</td></tr>
<tr><td>諸　　　　口</td><td>167,000</td><td>諸　　　　口</td><td>22,000</td></tr>
<tr><td>諸　　　　口</td><td>198,500</td><td></td><td></td></tr>
<tr><td>諸　　　　口</td><td>204,000</td><td></td><td></td></tr>
<tr><td>諸　　　　口</td><td>175,200</td><td></td><td></td></tr>
</table>

（2）　期末商品棚卸高　145,500 円

	借方		貸方	
	勘定科目	金額	勘定科目	金額
①				
②				

売上原価の額	

次の資料に基づいて，当期商品仕入高，期末商品棚卸高を求めたうえで，当期の売上原価の額を求めなさい。なお，期末商品棚卸高は先入先出法によって算定すること。

（資料）
（1） 期首商品棚卸高：75,600 円
（2） 当期中の商品の仕入れの状況

4 月 20 日	50 個	取得原価： 86,000 円
7 月 26 日	60 個	取得原価：105,600 円
10 月 13 日	50 個	取得原価： 87,500 円
12 月 8 日	40 個	取得原価： 71,200 円
3 月 10 日	40 個	取得原価： 72,000 円

（3） 期末に保有する商品の数：45 個

当期商品仕入高	
期末商品棚卸高	
当期売上原価	

当社では，商品を仕入れるたびに，その直前に保有していた商品と新たに仕入れた商品の個数と取得原価をそれぞれ合計し，新しく商品 1 個当たりの取得原価を求める方法（移動平均法）で商品の管理を行っている。次の資料に基づいて，①9 月 22 日および 3 月 4 日に新たに計算される商品 1 個当たりの取得原価の額，②期末商品棚卸高，③当期の売上原価の額をそれぞれ計算しなさい。

（資料）当期中の商品売買の状況（売上時は個数のみ。前期から繰り越されたものはない）

4 月 7 日	仕入	40 個	取得原価：108,000 円
5 月 9 日	売上	20 個	
7 月 13 日	売上	15 個	
9 月 22 日	仕入	50 個	取得原価：138,300 円
11 月 10 日	売上	20 個	
12 月 15 日	売上	10 個	
2 月 21 日	売上	15 個	
3 月 4 日	仕入	40 個	取得原価：111,900 円
3 月 28 日	売上	10 個	

①	9月22日の仕入後の商品1個当たり取得原価	
	3月4日の仕入後の商品1個当たり取得原価	
②	期末商品棚卸高	
③	当期の売上原価	

問題23－4

次の資料に基づいて，①期末商品棚卸高の額を移動平均法によって算定することとしていた場合と，②先入先出法によって算定することとしていた場合のそれぞれについて，期末商品棚卸高，当期の売上原価および売上総利益の額を求めなさい。

（資料）
（1）　期首商品棚卸高　　105個　取得原価：31,500円
（2）　当期中の商品売買の状況

　　　　 4 月 15 日　　売上　55 個　　販売価額：45,650 円
　　　　 5 月 20 日　　仕入 150 個　　取得原価：48,000 円
　　　　 7 月 3 日　　売上　65 個　　販売価額：54,600 円
　　　　 8 月 14 日　　売上　75 個　　販売価額：63,000 円
　　　　 9 月 21 日　　仕入 140 個　　取得原価：45,500 円
　　　 11 月 5 日　　売上　80 個　　販売価額：67,600 円
　　　 12 月 19 日　　売上　70 個　　販売価額：59,150 円
　　　　 1 月 29 日　　仕入 150 個　　取得原価：49,500 円
　　　　 3 月 1 日　　売上　60 個　　販売価額：51,300 円

		期末商品棚卸高	売上原価	売上総利益
①	移動平均法の場合			
②	先入先出法の場合			

24 伝 票

問題 24－ 1

　当社では三伝票制による記録を行っている。次の取引を入金伝票に記録されるもの，出金伝票に記録されるもの，振替伝票に記録されるものに分けなさい。

① 昨日の売上金 196,000 円を普通預金口座に預け入れた。
② バスを利用し，料金はチャージ式の交通系 IC カードを使って支払った。
③ 消耗品 2,100 円を購入し，代金は現金で支払った。
④ 商品 8,900 円を売り上げ，代金は現金で受け取った。
⑤ 普通預金口座に利息 30 円が入金された。

入金伝票に記録されるもの	
出金伝票に記録されるもの	
振替伝票に記録されるもの	

問題 24－ 2

　次の取引を起票しなさい。なお，（　　　　）には入金，出金のうちいずれか適切なものを記入し，勘定科目欄には，その取引を仕訳したときの相手勘定を記入すること。

① 旅費交通費 33,000 円を現金で支払った。

（　　　　　　　　）伝　票	
勘定科目	金額

② 商品 2,700 円を売り上げ，代金は現金で受け取った。

（　　　　　　　　）伝　票	
勘定科目	金額

問題 24－3

次の伝票の記録に基づいて，取引を仕訳しなさい。

①

入　金　伝　票

勘定科目	金額
受取手数料	75,000

②

出　金　伝　票

勘定科目	金額
通　信　費	6,000

③

振　替　伝　票

借方科目	金額	貸方科目	金額
受取商品券	3,000	売　　上	3,000

	借方		貸方	
	勘定科目	金額	勘定科目	金額
①				
②				
③				

問題24-4

商品 550,000 円を売り上げ，代金のうち 50,000 円は現金で受け取り，残額は掛けとした。この取引を ①取引を分割する方法（現金取引とそれ以外の取引に分ける方法）と，②取引を擬制する方法（いったん全額現金取引でないものとして処理したうえで，ただちにその一部が現金で決済されたと考える方法）のそれぞれで 2 枚の伝票に記録しなさい。

① 取引を分割する方法

入 金 伝 票	
勘定科目	金額

振 替 伝 票			
借方科目	金額	貸方科目	金額

② 取引を擬制する方法

入 金 伝 票	
勘定科目	金額

振 替 伝 票			
借方科目	金額	貸方科目	金額

問題24-5

商品 380,000 円を仕入れ，このうち 80,000 円は現金で支払い，残額は掛けとした。この取引を 2 枚の伝票に分けて記録したところ，振替伝票の記録は次のようになっていた。各問いに答えなさい。

振 替 伝 票			
借方科目	金額	貸方科目	金額
買 掛 金	380,000	仕 入	380,000

① 振替伝票の記録から，この取引が取引を分割する方法と，取引を擬制する方法のどちらで処理されたか答えなさい。

② この取引において，振替伝票と同時に行われる出金伝票への記録を答えなさい。

①	

②	出 金 伝 票	
	勘定科目	金額

問題 24－6

　商品 450,000 円を売り上げ，このうち 50,000 円は現金で受け取り，残額は掛けとした。この取引を 2 枚の伝票に分けて記録したところ，入金伝票の記録は次のようになっていた。各問いに答えなさい。

入　金　伝　票	
勘定科目	金額
売　　　　　上	50,000

①　入金伝票の記録から，この取引が取引を分割する方法と，取引を擬制する方法のどちらで処理されたか答えなさい。

②　この取引において，入金伝票と同時に行われる振替伝票への記録を答えなさい。

①	

②

振　替　伝　票			
借方科目	金額	貸方科目	金額

次の 11 月 12 日に起票された伝票から同日における仕訳日計表を作成しなさい。

入　金　伝　票	
勘定科目	金額
売　　　上	5,600

入　金　伝　票	
勘定科目	金額
売　　　上	2,900

入　金　伝　票	
勘定科目	金額
売　　　上	6,800

入　金　伝　票	
勘定科目	金額
売　　　上	7,300

入　金　伝　票	
勘定科目	金額
売　　　上	4,000

出　金　伝　票	
勘定科目	金額
旅費交通費	1,950

出　金　伝　票	
勘定科目	金額
消耗品費	1,250

出　金　伝　票	
勘定科目	金額
旅費交通費	380

出　金　伝　票	
勘定科目	金額
消耗品費	900

出　金　伝　票	
勘定科目	金額
普通預金	30,000

出　金　伝　票	
勘定科目	金額
仮　払　金	5,000

振　替　伝　票			
借方科目	金額	貸方科目	金額
消　耗　品　費	1,500	未　払　金	1,500

仕　訳　日　計　表
20X1 年 11 月 12 日

借方合計	勘定科目	貸方合計
	現　　　　　金	
	普　通　預　金	
	仮　　払　　金	
	未　　払　　金	
	売　　　　　上	
	旅　費　交　通　費	
	消　耗　品　費	

25 決算手続⑤

次の文章の（　　　　）に当てはまる語句を語群のなかから選んで答えなさい。なお，同じ番号のところには同じ語句が入る。

　費用の見越しとは，決算にあたって，当期中に（　①　）した費用の額のうち，当期中に費用の勘定に記録されていない金額を，その費用の勘定に追加で計上することをいう。このとき，費用の勘定の相手勘定は（　②　）勘定となる。（　②　）勘定は，一時的に追加計上した費用の額を記録しておくための（　③　）であり，貸借対照表上，（　④　）として表示される。

　収益の見越しとは，決算にあたって，当期中に（　①　）した収益の額のうち，当期中に収益の勘定に記録されていない金額を，その収益の勘定に追加で計上することをいう。このとき，収益の勘定の相手勘定は（　⑤　）勘定となる。（　⑤　）勘定は，一時的に追加計上した収益の額を記録しておくための（　③　）であり，貸借対照表上，（　⑥　）として表示される。

〔語群〕

経 過 勘 定	資 　 　 産	発 　 　 生
評 価 勘 定	負 　 　 債	前 受 収 益
前 払 費 用	未 収 収 益	未 払 費 用

①		②		③	
④		⑤		⑥	

次の一連の取引を仕訳したうえで，支払地代勘定および未払地代勘定に転記しなさい。なお，仕訳を行う必要がない場合は，借方の勘定科目欄に仕訳なしと記入すること。また，勘定の（　　）には適切な語句を，〔　　〕には適切な金額を記入し，不要な欄には——と記入すること。会計期間は 20X1 年 4 月 1 日から 20X2 年 3 月 31 日までの 1 年間であり，1 年未満の期間に対応する金額は月割計算によって求めること。

未 払 地 代　　　　支 払 地 代　　　　損　　　益

① 20X1 年 11 月 1 日，事務所の駐車場として利用するため 1 年間の契約で近隣の土地を借り入れた。1 年分の地代は 1,200,000 円であり，全額，契約終了時に支払うことになっている。

② 20X2 年 3 月 31 日，決算にあたり，当期分の地代の額を見越し計上する。

③ 20X2 年 3 月 31 日，支払地代勘定の残高金額を損益勘定に振り替える。

	借方		貸方	
	勘定科目	金額	勘定科目	金額
①				
②				
③				

支 払 地 代

（　　　　　　　） 〔　　　　　　〕 ｜ （　　　　　　　） 〔　　　　　　〕

未 払 地 代

（　　　　　　　） 〔　　　　　　〕 ｜ （　　　　　　　） 〔　　　　　　〕

次の一連の取引を仕訳したうえで，支払地代勘定および未払地代勘定に転記しなさい。なお，仕訳を行う必要がない場合は，借方の勘定科目欄に仕訳なしと記入すること。また，勘定の（　　　）には適切な語句を，〔　　　〕には適切な金額を記入し，不要な欄には――と記入すること。会計期間は 20X2 年 4 月 1 日から 20X3 年 3 月 31 日までの 1 年間であり，1 年未満の期間に対応する金額は月割計算によって求めること。

当　座　預　金　　　未　払　地　代　　　支　払　地　代　　　損　　　　　益

① 20X2 年 4 月 1 日，前期に見越し計上した地代 500,000 円を支払地代勘定に振り替える。

② 20X2 年 10 月 31 日，前期の 11 月から借りていた土地の地代 1,200,000 円を小切手を振り出して支払った。

③ 20X3 年 3 月 31 日，支払地代勘定の残高金額を損益勘定に振り替える。

	借方		貸方	
	勘定科目	金額	勘定科目	金額
①				
②				
③				

支　払　地　代

（　　　　　　　）	〔　　　　　〕	（　　　　　　　）	〔　　　　　〕
（　　　　　　　）	〔　　　　　〕	（　　　　　　　）	〔　　　　　〕

未　払　地　代

（　　　　　　　）	〔　　　　　〕	前　期　繰　越	500,000

　次の一連の取引を仕訳したうえで，受取利息勘定および未収利息勘定に転記しなさい。なお，仕訳を行う必要がない場合は，借方の勘定科目欄に仕訳なしと記入すること。また，勘定の（　　　）には適切な語句を，〔　　　〕には適切な金額を記入し，不要な欄には——と記入すること。会計期間は20X1年4月1日から20X2年3月31日までの1年間であり，1年未満の期間に対応する金額は月割計算によって求めること。

| 当 座 預 金 | 貸 付 金 | 受 取 利 息 |
| 未 収 利 息 | 損 益 | |

①　20X1年7月1日，貸付けのため，取引先に小切手2,000,000円を振り出した。貸付期間は1年間，利率は年3%であり，全額，返済時に受け取ることになっている。

②　20X2年3月31日，決算にあたり，当期分の利息の額を見越し計上する。

③　20X3年3月31日，受取利息勘定の残高金額を損益勘定に振り替える。

	借方		貸方	
	勘定科目	金額	勘定科目	金額
①				
②				
③				

受 取 利 息
（　　　　　　　）〔　　　　　　〕｜（　　　　　　　　）〔　　　　　〕

未 収 利 息
（　　　　　　　）〔　　　　　　〕｜（　　　　　　　　）〔　　　　　〕

次の文章の（　　　　）に当てはまる語句を語群のなかから選んで答えなさい。なお，同じ番号のところには同じ語句が入る。

　費用の繰延べとは，決算にあたって，当期中に費用の勘定に記録された金額のうち，（　①　）以降の期間に対応する部分の金額を，その費用の勘定から取り除くことをいう。このとき，費用の勘定の相手勘定は（　②　）勘定となる。（　②　）勘定は，一時的に取り除いた費用の額を記録しておくための（　③　）であり，貸借対照表上，（　④　）として表示される。

　収益の繰延べとは，決算にあたって，当期中に収益の勘定に記録された金額のうち，（　①　）以降の期間に対応する部分の金額を，その収益の勘定から取り除くことをいう。このとき，収益の勘定の相手勘定は（　⑤　）勘定となる。（　⑤　）勘定は，一時的に取り除いた収益の額を記録しておくための（　③　）であり，貸借対照表上，（　⑥　）として表示される。

〔語群〕

経　過　勘　定	資　　　　　産	前　　　　　期
負　　　　　債	前　受　収　益	前　払　費　用
未　収　収　益	未　払　費　用	翌　　　　　期

①		②		③	
④		⑤		⑥	

次の一連の取引を仕訳したうえで，保険料勘定および前払保険料勘定に転記しなさい。なお，仕訳を行う必要がない場合は，借方の勘定科目欄に仕訳なしと記入すること。また，勘定の（　　）には適切な語句を，〔　　〕には適切な金額を記入し，不要な欄には──と記入すること。会計期間は 20X1 年 4 月 1 日から 20X2 年 3 月 31 日までの 1 年間であり，1 年未満の期間に対応する金額は月割計算によって求めること。

普 通 預 金　　　前 払 保 険 料　　　保 険 料　　　損　　　益

① 20X2 年 2 月 1 日，倉庫について火災保険に加入した。保険期間は 6 か月間，6 か月分の保険料は 492,000 円であり，全額，普通預金口座から振り込んだ。

② 20X2 年 3 月 31 日，決算にあたり，翌期分の保険料の額を繰り延べる。

③ 20X2 年 3 月 31 日，保険料勘定の残高金額を損益勘定に振り替える。

	借方		貸方	
	勘定科目	金額	勘定科目	金額
①				
②				
③				

保　　　険　　　料

(	)	〔	〕	(	)	〔	〕
(	)	〔	〕	(	)	〔	〕

前　払　保　険　料

(	)	〔	〕	(	)	〔	〕

次の一連の取引を仕訳したうえで，保険料勘定および前払保険料勘定に転記しなさい。なお，仕訳を行う必要がない場合は，借方の勘定科目欄に仕訳なしと記入すること。また，勘定の（　　）には適切な語句を，〔　　〕には適切な金額を記入し，不要な欄には――と記入すること。会計期間は 20X2 年 4 月 1 日から 20X3 年 3 月 31 日までの 1 年間であり，1 年未満の期間に対応する金額は月割計算によって求めること。

前 払 保 険 料　　　　保　険　料　　　　損　　　益

① 20X2 年 4 月 1 日，前期から繰り延べてきた保険料 328,000 円を保険料勘定に振り替える。

② 20X2 年 7 月 31 日，前期の 2 月から契約していた倉庫の火災保険の契約期間が満了した。

③ 20X3 年 3 月 31 日，保険料勘定の残高金額を損益勘定に振り替える。

	借方		貸方	
	勘定科目	金額	勘定科目	金額
①	保険料	328,000	前払保険料	328,000
②	仕訳なし	――	――	――
③	損益	328,000	保険料	328,000

保　険　料

（前払保険料） 〔328,000〕	（損益） 〔328,000〕

前　払　保　険　料

前 期 繰 越　328,000	（保険料） 〔328,000〕

次の一連の取引を仕訳したうえで，受取利息勘定および前受利息勘定に転記しなさい。なお，仕訳を行う必要がない場合は，借方の勘定科目欄に仕訳なしと記入すること。また，勘定の（　　　）には適切な語句を，〔　　　〕には適切な金額を記入し，不要な欄には――と記入すること。会計期間は 20X1 年 4 月 1 日から 20X2 年 3 月 31 日までの 1 年間であり，1 年未満の期間に対応する金額は月割計算によって求めること。

| 当 座 預 金 | 手 形 貸 付 金 | 前 受 利 息 |
| 受 取 利 息 | 損　　　益 | |

① 20X1 年 10 月 1 日，貸付けのため，取引先に小切手 5,000,000 円を振り出し，取引先から約束手形 5,100,000 円を受け取った。なお，貸付期間は 1 年間であり，両者の差額はこの貸付けに係る利息相当額である。

② 20X2 年 3 月 31 日，決算にあたり，翌期分の利息の額を繰り延べる。

③ 20X3 年 3 月 31 日，受取利息勘定の残高金額を損益勘定に振り替える。

	借方		貸方	
	勘定科目	金額	勘定科目	金額
①	手形貸付金	5,100,000	当座預金	5,000,000
			受取利息	100,000
②	受取利息	50,000	前受利息	50,000
③	受取利息	50,000	損益	50,000

受 取 利 息

| (損 益) 〔 50,000 〕 | (前受利息) 〔 50,000 〕 |

前 受 利 息

| (受取利息) 〔 50,000 〕 | (受取利息) 〔 50,000 〕 |

26 精算表①

問題 26－1

次の文章の（　　　　）に当てはまる語句を語群のなかから選んで答えなさい。なお，同じ番号のところには同じ語句が入る。

　精算表では，各勘定に記録された金額が損益計算書に記載されるものと貸借対照表に記載されるものとに分けられる。

　損益計算書には，（　①　），（　②　）の各勘定の金額が記載される。（　①　），（　②　）は，会計期間中の営業活動による（　③　）の増減を意味しており，増加額は（　①　）の勘定に，減少額は（　②　）の勘定に記録される。なお，投資者から出資を受けたり，株主に対して配当をしたりといった営業活動以外の原因による（　③　）の増減は（　③　）の勘定に直接記録されるため，これらの勘定に記録されることはない。

　貸借対照表には，（　④　），（　⑤　），（　③　）の各勘定の金額が記載される。（　④　）は，企業が保有する金銭や物品，将来にこれらを受け取る（　⑥　）を意味し，（　⑤　）は，将来にこれらを手放す（　⑦　）を意味する。また，減価償却累計額や貸倒引当金といった（　⑧　），未払費用や前受収益といった（　⑨　）も貸借対照表に記載される。

〔語群〕

義	務	経 過 勘 定	権	利
資	産	収 益	純 資 産	
費	用	評 価 勘 定	負	債

①		②		③	
④		⑤		⑥	
⑦		⑧		⑨	

次の6桁精算表を完成させなさい。

精算表

勘定科目	決算整理後残高試算表		損益計算書		貸借対照表	
	借方	貸方	借方	貸方	借方	貸方
現　　　　金	7,650					
当 座 預 金	85,100					
電 子 記 録 債 権	25,000					
売　　掛　　金	51,000					
繰 越 商 品	34,100					
備　　　　品	780,000					
車 両 運 搬 具	390,000					
電 子 記 録 債 務		16,000				
買　　掛　　金		26,200				
未　　払　　金		250,000				
未 払 消 費 税		18,620				
貸 倒 引 当 金		760				
備品減価償却累計額		487,500				
車両運搬具減価償却累計額		195,000				
資　　本　　金		200,000				
繰 越 利 益 剰 余 金		179,920				
売　　　　上		615,000				
仕　　　　入	313,000					
旅 費 交 通 費	62,220					
消 耗 品 費	19,300					
通　　信　　費	22,570					
保　　険　　料	16,800					
貸 倒 引 当 金 繰 入	610					
減 価 償 却 費	175,500					
貯　　蔵　　品	550					
前 払 保 険 料	5,600					
当期純（　　　）						
	1,989,000	1,989,000				

次の 10 桁精算表を完成させなさい。なお，修正・整理欄に記入すべき修正仕訳，決算整理仕訳は，次のとおりである。

（借）	雑 損	10	（貸）	現 金	10
（借）	当 座 預 金	25	（貸）	当 座 借 越	25
（借）	仮 受 消 費 税	550	（貸）	仮 払 消 費 税	370
				未 払 消 費 税	180
（借）	貸 倒 引 当 金 繰 入	15	（貸）	貸 倒 引 当 金	15
（借）	仕 入	380	（貸）	繰 越 商 品	380
（借）	繰 越 商 品	410	（貸）	仕 入	410
（借）	減 価 償 却 費	700	（貸）	備品減価償却累計額	400
				車両運搬具減価償却累計額	300
（借）	貯 蔵 品	50	（貸）	通 信 費	50
（借）	前 払 家 賃	160	（貸）	支 払 家 賃	160
（借）	支 払 利 息	5	（貸）	未 払 利 息	5

精　　算　　表

勘定科目	修正・整理前残高試算表 借方	修正・整理前残高試算表 貸方	修正・整理 借方	修正・整理 貸方	決算整理後残高試算表 借方	決算整理後残高試算表 貸方	損益計算書 借方	損益計算書 貸方	貸借対照表 借方	貸借対照表 貸方
現　　　　　金	105									
当　座　預　金		25								
売　　掛　　金	500									
繰　越　商　品	380									
仮　払　消　費　税	370									
備　　　　　品	3,200									
車　両　運　搬　具	1,200									
買　　掛　　金		200								
仮　受　消　費　税		550								
借　　入　　金		1,000								
貸　倒　引　当　金		5								
備品減価償却累計額		1,400								
車両運搬具減価償却累計額		450								
資　　本　　金		1,000								
繰　越　利　益　剰　余　金		470								
売　　　　　上		5,500								
仕　　　　　入	2,460									
旅　費　交　通　費	620									
消　耗　品　費	310									
通　　信　　費	440									
支　払　家　賃	1,000									
支　払　利　息	15									
雑　　　　　損										
当　座　借　越										
未　払　消　費　税										
貸　倒　引　当　金　繰　入										
減　価　償　却　費										
貯　蔵　品										
前　払　家　賃										
未　払　利　息										
当期純（　　　）										
	10,600	10,600								

27　精算表②

問題27－1

　次の資料に基づいて，8桁精算表を完成させなさい。なお，当期は20X1年4月1日から20X2年3月31日までの1年間であり，1年未満の期間に対応する金額は月割計算によって求めること。

（資料）

（1）　決算整理前に判明した事項

　①　3月31日に従業員が出張から帰社し，旅費交通費として310円を使用したとの報告を受けていたが未処理であった。この従業員には，出張前に旅費交通費の概算額として350円を渡しており，残りの40円は現金で返金された。

　②　現金の実際有高を確認したところ1,980円（①で返金された40円を含む）であった。現金過不足が生じた原因について調査したが，その原因は分からなかったため，適切な勘定に振り替える。

（2）　決算整理事項

　①　売掛金の期末残高に対して1%（貸倒実績率）の貸倒引当金を差額補充法により設定する。

　②　売上原価の計算は仕入勘定で行う。なお，期末商品棚卸高は2,930円であった。

　③　期末に保有する次の有形固定資産について，定額法により減価償却を行う。

　　　備品A（前期以前に取得）

　　　　　　取得原価：84,000円　　残存価額：ゼロ　　耐用年数：8年

　　　備品B（20X1年8月1日に取得）

　　　　　　取得原価：36,000円　　残存価額：ゼロ　　耐用年数：8年

　　　車両運搬具（前期以前に取得）

　　　　　　取得原価：32,000円　　残存価額：ゼロ　　耐用年数：4年

　④　当期の給料について未払額が1,200円ある。

　⑤　郵便切手の未使用額480円，収入印紙の未使用額330円を適切な勘定に振り替える。

　⑥　当期中に支払った家賃のうち翌期分が320円ある。

　⑦　保険料は，毎年，8月1日に向こう1年分をまとめて支払っている。

精算表

勘定科目	修正・整理前残高試算表 借方	修正・整理前残高試算表 貸方	修正・整理 借方	修正・整理 貸方	損益計算書 借方	損益計算書 貸方	貸借対照表 借方	貸借対照表 貸方
現　　　　　金	2,010							
当　座　預　金	11,190							
売　　掛　　金	7,000							
繰　越　商　品	2,730							
仮　　払　　金	350							
備　　　　　品	120,000							
車　両　運　搬　具	32,000							
買　　掛　　金		1,760						
未　　払　　金		60,000						
貸　倒　引　当　金		30						
備品減価償却累計額		21,000						
車両運搬具減価償却累計額		6,000						
資　　本　　金		50,000						
繰　越　利　益　剰　余　金		15,470						
売　　　　　上		85,830						
仕　　　　　入	24,800							
給　　　　　料	19,540							
旅　費　交　通　費	6,250							
通　　信　　費	4,750							
支　払　家　賃	4,160							
保　　険　　料	2,400							
租　税　公　課	2,910							
雑　　　（　　　）								
貸　倒　引　当　金　繰　入								
減　価　償　却　費								
（　　　　　）								
（　　　　　）給料								
（　　　　　）家賃								
（　　　　　）保険料								
当期純（　　　　）								
	240,090	240,090						

次の資料に基づいて，8桁精算表を完成させたうえで，損益計算書，貸借対照表を作成しなさい。なお，当期は20X1年4月1日から20X2年3月31日までの1年間であり，1年未満の期間に対応する金額は月割計算によって求めること。また，損益計算書，貸借対照表については，（　　　）に適切な語句を，〔　　　〕に適切な金額を記入すること。

（資料）

（1）　決算整理前に判明した事項

①　期中に売掛金200円が当座預金口座に振り込まれていたが仕訳が行われていなかった。

②　現金の実際有高を確認したところ820円であった。現金過不足が生じた原因について調査したところ，旅費交通費180円を現金で支払ったときに誤って借方，貸方ともに150円で仕訳をしていたことが判明した。その他の原因は分からなかったため，適切な勘定に振り替える。

（2）　決算整理事項

①　売掛金の期末残高に対して1.5%（貸倒実績率）の貸倒引当金を差額補充法により設定する。

②　売上原価の計算は売上原価勘定で行う。なお，期末商品棚卸高は1,740円であった。

③　期末に保有する次の有形固定資産について，定額法により減価償却を行う。

建物（前期以前に取得）

取得原価：81,000円　　残存価額：取得原価の10%　　耐用年数：30年

備品（前期以前に取得）

取得原価：9,600円　　残存価額：ゼロ　　耐用年数：8年

④　郵便切手の未使用額90円，収入印紙の未使用額110円を適切な勘定に振り替える。

⑤　受取利息の額は，20X2年2月1日に手形貸付けを行った際に計上したものである。なお，この手形貸付けの貸付期間は9か月間である。

⑥　保険料は，毎年，11月1日に向こう1年分をまとめて支払っている。

⑦　当期の利息について未払額が20円ある。

精　　算　　表

勘定科目	修正・整理前残高試算表 借方	修正・整理前残高試算表 貸方	修正・整理 借方	修正・整理 貸方	損益計算書 借方	損益計算書 貸方	貸借対照表 借方	貸借対照表 貸方
現　　　　　金	840							
当　座　預　金	3,790							
売　　掛　　金	1,800							
繰　越　商　品	1,510							
手　形　貸　付　金	5,000							
建　　　　　物	81,000							
備　　　　　品	9,600							
買　　掛　　金		1,020						
未　　払　　金		32,000						
借　　入　　金		10,000						
貸　倒　引　当　金		30						
建物減価償却累計額		29,160						
備品減価償却累計額		4,200						
資　　本　　金		10,000						
繰　越　利　益　剰　余　金		15,100						
売　　　　　上		20,500						
受　取　利　息		90						
仕　　　　　入	9,500							
旅　費　交　通　費	2,280							
通　　信　　費	1,310							
保　　険　　料	4,560							
租　税　公　課	830							
支　払　利　息	80							
雑　　　（　　　）								
貸倒引当金（　　　）								
売　上　原　価								
減　価　償　却　費								
（　　　　　）								
（　　　　　）利息								
（　　　　　）保険料								
未　払　利　息								
当期純（　　　）								
	122,100	122,100						

損 益 計 算 書

○○株式会社　　　　　　20X1 年 4 月 1 日～ 20X2 年 3 月 31 日　　　　　（単位：円）

費用	金額	収益	金額
（　　　　　　　）	〔　　　　　〕	（　　　　　　）	〔　　　　　〕
減 価 償 却 費	〔　　　　　〕	受 取 利 息	〔　　　　　〕
旅 費 交 通 費	〔　　　　　〕	貸倒引当金（　　　）	〔　　　　　〕
通 信 費	〔　　　　　〕	雑 　（　　　）	〔　　　　　〕
保 険 料	〔　　　　　〕		
租 税 公 課	〔　　　　　〕		
支 払 利 息	〔　　　　　〕		
当期純（　　　　）	〔　　　　　〕		
	〔　　　　　〕		〔　　　　　〕

貸 借 対 照 表

○○株式会社　　　　　　　　20X2 年 3 月 31 日現在　　　　　　　　（単位：円）

資産		金額	負債・純資産	金額
現 　　　 金		〔　　　〕	買 　掛 　金	〔　　　〕
当 座 預 金		〔　　　〕	未 　払 　金	〔　　　〕
売 　掛 　金	〔　　〕		（　　　）利息	〔　　　〕
（　　　　　）	△〔　　〕	〔　　　〕	未 払 利 息	〔　　　〕
（　　　　　）		〔　　　〕	借 　入 　金	〔　　　〕
貯 　蔵 　品		〔　　　〕	資 　本 　金	〔　　　〕
前 払 保 険 料		〔　　　〕	繰越利益剰余金	〔　　　〕
手 形 貸 付 金		〔　　　〕		
建 　　　 物	〔　　〕			
（　　　　　）	△〔　　〕			
備 　　　 品	〔　　〕			
（　　　　　）	△〔　　〕	〔　　　〕		
		〔　　　〕		〔　　　〕

28 報告式の財務諸表

問題 28−1

次の文章の（　　　）に当てはまる語句を語群のなかから選んで答えなさい。なお，同じ番号のところには同じ語句が入る。

報告式の貸借対照表では，資産と負債がそれぞれ流動，固定に分けられる。企業の主たる営業活動に使用されているものや，それらの活動から生じる債権・債務，1年以内に消費・決済される資産や負債は（　①　）資産または（　①　）負債に分類され，その他のものは（　②　）資産または（　②　）負債に分類される。

純資産についても分類が行われるが，その分類方法は，その企業が準拠すべき法令の定めによって変わる。株式会社の場合，（　③　）金，（　③　）剰余金，（　④　）剰余金の大きく3つに分けられる。このうち，損益計算書で算定された当期純利益の額が振り替えられてくる（　⑤　）勘定は，（　④　）剰余金に分類される。

〔語群〕

| 繰越利益剰余金 | 固定 | 資本 | 損益 | 利益 | 流動 |

①		②		③	
④		⑤			

問題 28−2

次の各文章は，報告式の財務諸表で表示される売上総利益，営業利益，経常利益，当期純利益のうちどの利益を説明したものであるか答えなさい。

① 企業が当期中に売り上げた商品の売価と原価の差額
② 当期中の企業の主たる営業活動から生じた利益
③ 企業が当期中に行ったすべての活動から生じた利益
④ 企業が毎期経常的に行っている活動から生じた当期の利益

①		②	
③		④	

次の報告式の損益計算書について，（　　）に入る語句または〔　　〕に入る金額を答えなさい。

損　益　計　算　書

○○株式会社　　　　自 20XX 年 XX 月 XX 日　至 20XX 年 XX 月 XX 日　　　（単位：円）

Ⅰ	売上高		913,000
Ⅱ	売上原価		
	1　期首商品棚卸高	25,000	
	2　当期商品仕入高	291,000	
	計	316,000	
	3　期末商品棚卸高	21,000	〔　④　〕
	売上総利益		618,000
Ⅲ	（　①　）		
	1　給料	221,000	
	2　貸倒引当金繰入	2,000	
	3　減価償却費	165,000	
	4　広告宣伝費	29,000	
	5　旅費交通費	48,000	
	6　支払家賃	126,000	
	7　保険料	18,000	〔　⑤　〕
	（　②　）利益		9,000
Ⅳ	営業外収益		
	1　受取利息		〔　⑥　〕
Ⅴ	営業外費用		
	1　支払利息	700	
	2　雑損	100	800
	（　③　）利益		8,500
Ⅵ	特別利益		
	1　固定資産売却益		1,200
Ⅶ	特別損失		
	1　盗難損失		2,700
	税引前当期純利益		〔　⑦　〕
	法人税，住民税及び事業税		2,100
	当期純利益		〔　⑧　〕

①				②	
③		④		⑤	
⑥		⑦		⑧	

29 会計帳簿への記録

問題 29－1

　次の一連の取引を仕訳帳に仕訳したうえで，総勘定元帳に転記しなさい。当社では，商品売買取引は三分法で，消費税は税抜方式で処理している。なお，仕訳帳への記入にあたって小書きを行う必要はない。

　　4月1日　株式会社を設立するにあたり，株式30株を1株当たり20,000円で発行し，そのすべてについて現金で払い込みを受けた。

　　　2日　備品 350,000円（税抜）を購入し，代金は配送費用1,000円（税抜），消費税35,100円とあわせて現金で支払った。

　　　4日　商品 70,000円（税抜）を仕入れ，代金は消費税7,000円とあわせて現金で支払った。

　　　5日　商品 28,000円（税抜）を売り上げ，代金は消費税2,800円とあわせて現金で受け取った。

仕　　　訳　　　帳

1

20XX年		摘要		元丁	借方金額	貸方金額
4	1					
	2					
	4					
	5					

総 勘 定 元 帳

現　　　　金　　　　　　　　　　　　　　　　　　　　　101

20XX年		摘要	仕丁	借方金額	20XX年		摘要	仕丁	貸方金額

仮 払 消 費 税　　　　　　　　　　　　　　　　　181

20XX年		摘要	仕丁	借方金額	20XX年		摘要	仕丁	貸方金額

備　　　　品　　　　　　　　　　　　　　　　　231

20XX年		摘要	仕丁	借方金額	20XX年		摘要	仕丁	貸方金額

仮 受 消 費 税　　　　　　　　　　　　　　　　481

20XX年		摘要	仕丁	借方金額	20XX年		摘要	仕丁	貸方金額

資　　　本　　　金　　　　　　　　　　　　　　　501

20XX年		摘要	仕丁	借方金額	20XX年		摘要	仕丁	貸方金額

売　　　　上　　　　　　　　　　　　　　　　601

20XX年		摘要	仕丁	借方金額	20XX年		摘要	仕丁	貸方金額

仕　　　　入　　　　　　　　　　　　　　　　801

20XX年		摘要	仕丁	借方金額	20XX年		摘要	仕丁	貸方金額

決算にあたり，郵便切手の未使用額を調べたところ 6,580 円であった。決算整理仕訳，損益振替仕訳を行ったうえで，各勘定に転記し，締切りなさい。なお，当社の会計期間は，4月1日から3月31日までの1年間である。

仕　訳　帳

37

20XX年		摘要		元丁	借方金額	貸方金額
3	31					
		郵便切手の未使用額を貯蔵費勘定に振り替えた				
	〃					
		通信費勘定の期末残高を損益勘定に振り替えた				

(損益勘定は総勘定元帳の 999 ページに設けられている)

総　勘　定　元　帳

貯　蔵　品

191

20XX年		摘要	仕丁	借方金額	20XX年		摘要	仕丁	貸方金額
4	1	前　期　繰　越	✓	7,520	4	1	通　信　費	1	7,520

通　信　費

873

20XX年		摘要	仕丁	借方金額	20XX年		摘要	仕丁	貸方金額
4	1	貯　蔵　品	1	7,520					
6	27	諸　　　　口	7	35,100					
10	9	現　　　　金	18	18,800					
12	27	諸　　　　口	26	27,680					
3	7	現　　　　金	35	18,800					

4 月 21 日に生じた次の一連の取引について，総勘定元帳上の現金勘定（仕丁欄への記録は省略すること）と現金出納帳に行われる記録をそれぞれ示しなさい。なお，20 日からの繰越額が 60,800 円ある。

① 電車代（神奈川鉄道）390 円を現金で支払った。
② 栃木商店に商品 X を売り上げ，代金 2,500 円は現金で受け取った。
③ 茨城株式会社に商品 Y と商品 Z を売り上げ，代金 3,700 円は現金で受け取った。
④ 千葉文具店で消耗品を購入し，代金 1,940 円は現金で支払った。
⑤ 群馬株式会社に商品 Y を売り上げ，代金 1,600 円は現金で受け取った。

総 勘 定 元 帳

現　　　　金　　　　101

月	日	摘要	仕丁	借方金額	貸方金額	借／貸	残高金額
4	20	（省　略）				借	60,800
	21		（省略）				
	〃						
	〃						
	〃						
	〃						

現 金 出 納 帳

月	日	摘要	収入金額	支出金額	残高金額
4	20	（省　略）			60,800
	21				
	〃				
	〃				
	〃				
	〃				

次の一連の取引を当座預金出納帳に記録しなさい。

7月1日　当座預金口座を開設し，普通預金口座から 3,000,000 円を振り替えた。なお，口座開設にあたり，当座借越契約（借越限度額 1,000,000 円）を締結している。

　　4日　買掛金 800,000 円を約束手形を振り出して支払った。支払期日は 8 月 4 日とした。

　　13日　車両運搬具 1,900,000 円を購入し，代金は小切手を振り出して支払った。

　　27日　商品 930,000 円を仕入れ，代金は小切手を振り出して支払った。

8月4日　当座預金口座から 7 月 4 日に振り出した約束手形の代金 800,000 円が支払われた。

　　10日　得意先から売掛金 2,070,000 円が当座預金口座に振り込まれた。

当 座 預 金 出 納 帳

月	日	摘要	借方金額	貸方金額	借／貸	残高金額
7	1	当座預金口座開設				
	13	車両運搬具購入（小切手振出）				
	27	商品仕入れ（小切手振出）				
8	4	約束手形支払い（7 月 4 日振出分）				
	10	売掛金回収				

次の一連の取引を小口現金出納帳に記録して，締め切りなさい。

9月1日　経理部門から小口現金 50,000 円が支給された。
　2日　事務用消耗品 2,970 円を購入し，代金は小口現金で支払った。
　3日　電車代 660 円を小口現金で支払った。
　〃　営業部門から依頼を受けていた営業先への手土産 8,000 円を購入し，代金は小口現金で支払った。
　4日　バス代 450 円を小口現金で支払った。
　〃　清掃用消耗品 4,620 円を購入し，代金は小口現金で支払った。
　5日　郵便切手 9,400 円を購入し，料金は小口現金で支払った。
　6日　タクシー代 1,670 円を小口現金で支払った。
　〃　今週分の小口現金の使用状況を報告し，ただちに補充を受けた。なお，当社では小口現金の管理が定額資金前渡制度（インプレスト・システム）によって行われている。

小 口 現 金 出 納 帳

受入	20XX年		摘要	支払	内訳 消耗品費	旅費交通費	通信費	雑費
	9	1	本日支給					
		2	事務用消耗品					
		3	電車代					
		〃	手土産代					
		4	バス代					
		〃	清掃用消耗品					
		5	郵便切手					
		6	タクシー代					
		6	本日補給					
		7	次週繰越					

次の一連の取引を売上帳に記録して，締め切りなさい。なお，@は1個あたりの金額（税抜）を示し，消費税率はすべての商品について10%とする。

10月3日　鹿児島株式会社にA商品（@ 700円）200個，B商品（@ 1,800円）80個を売り上げた。代金は消費税とあわせて掛けとした。

　　5日　鹿児島株式会社から3日に売り上げたA商品のうち50個が返品された。代金は同社に対する売掛金と相殺した。

　　11日　宮崎株式会社にB商品（@ 1,800円）60個，C商品（@ 2,400円）50個を売り上げた。代金は消費税とあわせて掛けとした。

　　18日　熊本株式会社にA商品（@ 700円）160個，C商品（@ 2,400円）100個を売り上げた。代金は消費税とあわせて掛けとした。

　　23日　鹿児島株式会社にA商品（@ 700円）180個，B商品（@ 1,800円）90個を売り上げた。代金は消費税とあわせて掛けとした。

　　29日　大分株式会社にC商品（@ 2,500円）15個を売り上げた。代金は消費税とあわせて現金で受け取った。

売　　　上　　　帳

20XX年		摘要	数量	単価	内訳	金額
10	3	鹿児島株式会社　　　　　　　　掛				
	5	**鹿児島株式会社　　　　　　掛返品**				
	11	宮崎株式会社　　　　　　　　　掛				
	18	熊本株式会社　　　　　　　　　掛				
	23	鹿児島株式会社　　　　　　　　掛				
	29	大分株式会社　　　　　　　　現金				
		総　売　上　高（税込）				
		返品・値引高（税込）				
		純　売　上　高（税込）				

次の一連の取引を仕入帳に記録して，締め切りなさい。なお，@は1個あたりの金額（税抜）を示し，消費税率はすべての商品について10%とする。

11月4日　和歌山株式会社からP商品（@2,800円）45個，Q商品（@4,700円）30個を仕入れ，代金は配送料2,000円（税抜），消費税とあわせて掛けとした。

13日　三重株式会社からR商品（@1,600円）60個を仕入れ，代金は配送料1,500円（税抜），消費税とあわせて掛けとした。

15日　三重株式会社に13日に仕入れた商品をすべて返品した。代金は同社に対する買掛金と相殺された。

20日　奈良株式会社からS商品（@3,200円）40個，T商品（@6,600円）15個を仕入れ，代金は配送料2,000円（税抜），消費税とあわせて掛けとした。

28日　和歌山株式会社からP商品（@2,800円）50個，Q商品（@4,700円）20個を仕入れ，代金は配送料2,000円（税抜），消費税とあわせて掛けとした。

仕　　入　　帳

20XX 年		摘要		数量	単価	内訳	金額
11	4	和歌山株式会社	掛				
	13	三重株式会社	掛				
	15	**三重株式会社**	**掛**				
	20	奈良株式会社	掛				
	28	和歌山株式会社	掛				
		総　仕　入　高（税込）					
		返品・値引高（税込）					
		純　仕　入　高（税込）					

次の一連の取引を売掛金勘定および売掛金元帳に記録して，締め切りなさい。なお，仕丁欄への記録は省略する。また，売掛金の前月からの繰越額が滋賀株式会社については 154,800 円，愛知株式会社については 48,600 円あるが，この他に売掛金は存在しない。

12 月 2 日　　滋賀株式会社に商品 33,700 円を売り上げ，代金は掛けとした。

　　 7 日　　愛知株式会社に商品 19,200 円を売り上げ，代金は掛けとした。

　　11 日　　滋賀株式会社に商品 38,400 円を売り上げ，代金は掛けとした。

　　12 日　　滋賀株式会社から，11 日に売り上げた商品のうち 7,200 円が返品された。代金は，同社に対する売掛金と相殺した。

　　15 日　　滋賀株式会社から売掛金 110,300 円が，愛知株式会社から売掛金 39,000 円が当座預金口座に振り込まれた。

　　23 日　　愛知株式会社に商品 20,500 円を売り上げ，代金は掛けとした。

　　26 日　　滋賀株式会社に商品 34,800 円を売り上げ，代金は掛けとした。

総 勘 定 元 帳

売　掛　金　　101

20XX 年		摘要	仕丁	借方金額	20XX 年		摘要	仕丁	貸方金額
12	1	前 月 繰 越		203,400	12	12			
	2					15			
	7		(省略)			31	次 月 繰 越	(省略)	
	11								
	23								
	26								

売 掛 金 元 帳

滋 賀 株 式 会 社

月	日	摘要	借方金額	貸方金額	借／貸	残高金額
12	1	前月繰越	154,800		借	154,800
	2	売上				
	11	売上				
	12	売上戻り（11 日売上分）				
	15	回収（当座預金口座振込）				
	26	売上				
	31	次月繰越				

愛 知 株 式 会 社

月	日	摘要	借方金額	貸方金額	借/貸	残高金額
12	1	前月繰越	48,600		借	48,600
	7	売上				
	15	回収（当座預金口座振込）				
	23	売上				
	31	次月繰越				

問題 29 − 9

　次の一連の取引を買掛金勘定および買掛金元帳に記録して，締め切りなさい。なお，仕丁欄への記録は省略する。また，買掛金の前月からの繰越額が岐阜株式会社については 206,000 円，長野株式会社については 189,000 円あるが，この他に買掛金は存在しない。

　12 月 3 日　　岐阜株式会社から商品 59,000 円を仕入れ，代金は掛けとした。
　　　6 日　　長野株式会社から商品 91,000 円を仕入れ，代金は掛けとした。
　　　7 日　　長野株式会社に対して，6 日に仕入れた商品のうち 26,000 円を返品した。代金は同社に対する買掛金と相殺された。
　　15 日　　岐阜株式会社から商品 63,000 円を仕入れ，代金は掛けとした。
　　20 日　　岐阜株式会社に買掛金 197,000 円，長野株式会社に買掛金 156,000 円をそれぞれ普通預金口座から振り込んだ。
　　21 日　　長野株式会社から商品 86,000 円を仕入れ，代金は掛けとした。
　　27 日　　岐阜株式会社から商品 60,000 円を仕入れ，代金は掛けとした。

20XX年		摘要	仕丁	借方金額	20XX年		摘要	仕丁	貸方金額
12	7		（省略）		12	1	前月繰越	（省略）	395,000
	20					3			
	31	次月繰越				6			
						15			
						21			
						27			

買 掛 金

101

買 掛 金 元 帳

岐 阜 株 式 会 社

月	日	摘要	借方金額	貸方金額	借／貸	残高金額
12	1	前月繰越		206,000	貸	206,000
	3	仕入				
	15	仕入				
	20	支払（振込み）				
	27	仕入				
	31	次月繰越				

長 野 株 式 会 社

月	日	摘要	借方金額	貸方金額	借／貸	残高金額
12	1	前月繰越		189,000	貸	189,000
	6	仕入				
	7	仕入戻し（6日仕入分）				
	20	支払（振込み）				
	21	仕入				
	31	次月繰越				

　次の甲商品に係る一連の取引を商品有高帳に記入して，締め切りなさい。なお，仕入返品に係る記録は受入欄に行うこと。また，1月の売上高，売上原価および売上総利益の額も計算しなさい。

　商品の払出単価の計算は先入先出法によって行うものとする。また，前月からの繰越高は40個（商品1個あたりの取得原価780円）である。

1月4日	甲商品28個を1個当たり1,980円で売り上げた。
7日	甲商品60個を1個当たり785円で仕入れた。
11日	甲商品25個を1個当たり1,980円で売り上げた。
15日	甲商品33個を1個当たり1,980円で売り上げた。
17日	甲商品60個を1個当たり795円で仕入れた。
18日	17日に仕入れた甲商品のうち10個を返品した。
22日	甲商品10個を1個当たり2,200円で売り上げた。
26日	甲商品34個を1個当たり1,980円で売り上げた。
28日	26日に売り上げた商品について9,000円の値引きを行った。

商　品　有　高　帳
甲　商　品

20XX年		摘要	受入			払出			残高		
			数量	単価	金額	数量	単価	金額	数量	単価	金額
1	1	前 月 繰 越	40	780	31,200				40	780	31,200
	4	売　　上									
	7	仕　　入									
	11	売　　上									
	15	売　　上									
	17	仕　　入									
	18	仕 入 返 品									
	22	売　　上									
	26	売　　上									
	31	次 月 繰 越									

売　上　高

売　上　原　価

売　上　総　利　益

次の乙商品に係る一連の取引を商品有高帳に記入して，締め切りなさい。なお，仕入値引に係る記録は受入欄に行うこと。また，2月の売上高，売上原価および売上総利益の額も計算しなさい。

商品の払出単価の計算は移動平均法によって行うものとする。また，前月からの繰越高は45個（商品1個あたりの取得原価385円）である。

2月3日　乙商品25個を1個当たり880円で売り上げた。

　　6日　乙商品60個を1個当たり405円で仕入れた。

　　10日　乙商品20個を1個当たり880円で売り上げた。

　　14日　乙商品45個を1個当たり870円で売り上げた。

　　16日　乙商品60個を1個当たり425円で仕入れた。

　　17日　17日に仕入れた乙商品について2,250円の値引きを受けた。

　　21日　乙商品30個を1個当たり880円で売り上げた。

　　22日　21日に売り上げた商品について5,000円の値引きを行った。

　　25日　乙商品20個を1個当たり880円で売り上げた。

商 品 有 高 帳
乙 商 品

20XX年		摘要	受入			払出			残高		
			数量	単価	金額	数量	単価	金額	数量	単価	金額
2	1	前 月 繰 越	45	385	17,325				45	385	17,325
	3	売　　上				25	385	9,625	20	385	7,700
	6	仕　　入	60	405	24,300				80	400	32,000
	10	売　　上				20	400	8,000	60	400	24,000
	14	売　　上				45	400	18,000	15	400	6,000
	16	仕　　入	60	425	25,500				75	420	31,500
	17	仕 入 値 引			2,250				75	390	29,250
	21	売　　上				30	390	11,700	45	390	17,550
	25	売　　上				20	390	7,800	25	390	9,750
	28	次 月 繰 越				25	390	9,750			
			165		64,875	165		64,875			

売　上　高　117,750

売　上　原　価　55,125

売　上　総　利　益　62,625

次の受取手形記入帳に行われた記録について，次の各問いに答えなさい。

受 取 手 形 記 入 帳

20XX年		手形種類	手形番号	摘要	支払人	振出人または裏書人	振出日		満期日		支払場所	金額	てん末		
月	日						月	日	月	日			月	日	摘要
8	12	約手	8237	売掛金	沖縄㈱	沖縄㈱	8	12	10	12	那覇銀行	600,000	10	12	入金
10	24	約手	4833	手形貸付	新潟㈱	新潟㈱	10	24	4	24	新潟銀行	500,000			

①　8月12日に受け取った約束手形の振出人を答えなさい。

②　8月12日に受け取った約束手形の支払期日を答えなさい。

③　8月12日に受け取った約束手形に記入されていた支払金額を答えなさい。

④　10月24日に約束手形を受け取ったときに，約束手形に記入されていた金額500,000円が記録される勘定を答えなさい。

①		②	
③		④	

次の支払手形記入帳に行われた記録について，次の各問いに答えなさい。

支 払 手 形 記 入 帳

20XX年		手形種類	手形番号	摘要	受取人	振出人	振出日		満期日		支払場所	金額	てん末		
月	日						月	日	月	日			月	日	摘要
11	9	約手	3490	買掛金	石川㈱	当社	11	9	1	9	栃木銀行	350,000	1	9	支払
2	15	約手	4904	買掛金	福井㈱	当社	2	15	4	15	栃木銀行	600,000			

①　11月9日に約束手形を振り出した相手の名前を答えなさい。

②　11月9日に振り出した約束手形の支払期日を答えなさい。

③　11月9日に振り出した約束手形に記入した金額を答えなさい。

④　この記録の時点で，まだ支払いが行われていない約束手形の金額を答えなさい。

①		②	
③		④	

解 答 編

1 簿記の基礎概念

問題 1 - 1
期首の時点を指すもの……①　　　　期中の時点を指すもの……②, ③, ④, ⑤
期末の時点を指すもの……⑥
　期中は，会計期間の中間地点を指すのではなく，期首でも期末でもない時点は，すべて期中となる。

問題 1 - 2
主要簿……③, ⑤　　　　補助簿……①, ②, ④, ⑥

問題 1 - 3
①　資産　　　②　負債

問題 1 - 4
①　140,000 円　　　②　230,000 円　　　③　870,000 円
　①　560,000 円 − 420,000 円 = 140,000 円（純資産等式を使用する）
　②　1,310,000 円 − 1,080,000 円 = 230,000 円（純資産等式を使用する）
　③　370,000 円 + 500,000 円 = 870,000 円（貸借対照表等式を使用する）

問題 1 - 5
資産……②, ③, ④, ⑤　　　　負債……①, ⑥

問題 1 - 6
①　費用　　　②　収益

問題 1 - 7
①　220,000 円　　　②　380,000 円　　　③　945,000 円
　①　970,000 円 − 750,000 円 = 220,000 円（純損益等式を使用する）
　②　2,040,000 円 − 1,660,000 円 = 380,000 円（純損益等式を使用する）
　③　880,000 円 + 65,000 円 = 945,000 円（損益計算書等式を使用する）

問題 1 - 8
①　250,000 円　　　②　160,000 円　　　③　3,585,000 円
　①　1,480,000 円 − 1,230,000 円 = 250,000 円（純損益等式を使用する）
　②　2,130,000 円 − 1,970,000 円 = 160,000 円（純損益等式を使用する）
　③　3,480,000 円 + 105,000 円 = 3,585,000 円（損益計算書等式を使用する）

2 複式簿記による主要簿への記録

取引として取り扱われるもの……①，④　　　　取引として取り扱われないもの……②，③

　企業の財産が増減するものは取引となり，そうでないものは取引にならない。②は，土地を賃借しただけで，購入したわけではなく（自分のものになったわけでなく），また，賃借料（地代）の支払いも行っていないため取引とはならない。

問題２−２
①　勘定　　　　②　総勘定元帳　　　③　勘定科目　　　④　借方　　　⑤　貸方

問題２−３
借方側に記載されるもの……③，④　　　　貸方側に記載されるもの……①，②，⑤

問題２−４
借方に記録されるもの……①，②，⑤，⑦　　　　貸方に記録されるもの……③，④，⑥，⑧

問題２−５
借方に記録されるもの……①，②，③，⑥　　　　貸方に記録されるもの……④，⑤

　支払家賃勘定や受取利息勘定は，家賃の支払いや利息の受取りによる普通預金等の増減額を記録する勘定ではなく，企業の純資産を増減させた原因が記録される費用または収益の勘定である。普通預金等の増減額は，これらとは別に，普通預金勘定等に記録される。

問題２−６
①

問題２−７
4,550,000

　仕訳では借方に記録される金額の合計額と貸方に記録される金額の合計額は必ず等しくなるため，両者の差額によって（　　　　）に入る金額を求めることができる。

　4,575,000 円 − 25,000 円 = 4,550,000 円

問題２−８
①　普通預金　　　　②　水道光熱費

　転記では，各勘定に記録される金額とともに，その相手勘定を記録する。相手勘定とは，もともとの仕訳においてその勘定の反対側に記録が行われる勘定のことをいう。なお，相手勘定が複数あるときは，1 つ 1 つの相手勘定を記録する代わりに諸口とする。

問題２−９

	現		金	
普 通 預 金	29,700	—		—

	支 払 手 数 料			
普 通 預 金	300	—		—

	普 通 預 金			
—		—	諸　　口	30,000

借方		貸方	
勘定科目	金額	勘定科目	金額
旅 費 交 通 費	1,400	現　　　　金	1,400

　　現金勘定への記録は貸方に行われているから，仕訳でも貸方は現金勘定となる。したがって，現金勘定の相手勘定である旅費交通費勘定への記録は，貸方の反対側である借方に行われる。

3　現金・預金

問題 3 − 1
① 　資産　　　　　② 　貸借対照表　　　　③ 　借方　　　　④ 　貸方

問題 3 − 2
　現金が増加した取引……②　　　　　現金が減少した取引……①，③

問題 3 − 3

	借方		貸方	
	勘定科目	金額	勘定科目	金額
①	普 通 預 金	500,000	現　　　　金	500,000
②	現　　　　金	200,000	普 通 預 金	200,000

現		金	
普 通 預 金	200,000	普 通 預 金	500,000

普	通	預	金	
現　　　　金	500,000	現　　　　金	200,000

問題 3 − 4
③

　　①は，借方に記録される金額3,000,000円と貸方に記録される金額の合計額3,000,480円が一致せず，仕訳のルールに反している。②は，定期預金勘定が借方，普通預金勘定が貸方に記録されているが，預金の勘定は資産の勘定であるため，増えた普通預金は借方，減った定期預金は貸方に記録しなければならない。

問題 3 − 5

	借方		貸方	
	勘定科目	金額	勘定科目	金額
①	普 通 預 金 秋 田 支 店	250,000	普 通 預 金 盛 岡 支 店	250,000
②	定 　 期 　 預 　 金	4,000,000	普 通 預 金 盛 岡 支 店	4,000,000

	借方		貸方	
	勘定科目	金額	勘定科目	金額
①	水 道 光 熱 費	74,800	普 通 預 金	74,800
②	普 通 預 金	15	受 取 利 息	15
③	現　　　　　金 支 払 手 数 料	20,000 300	普 通 預 金	20,300

　　仕訳にあたっては，先に預金の増減を借方または貸方に記録してしまい，その後に預金が増減した理由をその相手勘定に記録するようにするとよい。なお，勘定は必ず与えられたもののなかから選んで使用しなければならない。①の電気料金は水道光熱費勘定を使って記録する。

　　③の借方は，現金勘定と支払手数料勘定のどちらを先に書いてもよい。また，貸方は，現金の引出し額20,000円と利息の引落し額300円に分けて書いてもよい。

日付	借方		貸方	
	勘定科目	金額	勘定科目	金額
2/21	水 道 光 熱 費	18,600	普 通 預 金	18,600
2/27	普 通 預 金	10	受 取 利 息	10
2/28	支 払 家 賃	150,000	普 通 預 金	150,000

	普　　通　　預　　金				
	2月20日の残高	316,500	2/23	諸　　　　口	50,300
2/25	現　　金	88,000	2/21	水 道 光 熱 費	18,600
2/27	受 取 利 息	10	2/28	支 払 家 賃	150,000

　　2月23日の取引について，預金通帳では引出し額と手数料が別々の行に記録されているが，普通預金勘定では普通預金口座の減少額がまとめて記録されてしまっている。取引の仕訳を 問題３－６ ③のように行っている場合，普通預金勘定への記録はこのような形になるが，普通預金の減少額に誤りがなければ問題はない。預金通帳との照合にあたっては，勘定記録との間にこの問題でみたような違いが生じている可能性があることも念頭に置いておく必要がある。

4 有形固定資産・消耗品の取得

問題 4 − 1

建物……④，⑧　　　　　備品……①，③，⑤，⑥，⑨　　　　　車両運搬具……②，⑦

問題 4 − 2

① 3,028,000 円　　　　② 10,000,000 円　　　　③ 19,800,000 円

① （20 台 × 150,000 円）＋（3,000 円 + 25,000 円）＝ 3,028,000 円

② （5 台 × 1,900,000 円）＋（200,000 円 + 300,000 円）＝ 10,000,000 円

③ （120 ㎡ × 150,000 円）＋ 1,800,000 円 ＝ 19,800,000 円

　有形固定資産の取得原価は，その有形固定資産を使用できる状態にするために企業が負担しなければならない金額であるが，取得原価の計算は，後払いにした金額も含めて行う。

　なお，この問題では問われていないが，消費税については，原則として有形固定資産の取得原価に含めない。

問題 4 − 3

	借方		貸方	
	勘定科目	金額	勘定科目	金額
①	備　　　　　品	800,000	未　　払　　金	800,000
②	未　　払　　金	200,000	普　通　預　金	200,000

備　　　　　　　　　品

未　　払　　金	800,000	————		————

未　　　　払　　　　金

普　通　預　金	200,000	備　　　　品	800,000

問題 4 − 4

借方		貸方	
勘定科目	金額	勘定科目	金額
建　　　　物	10,100,000	現　　　　　金	2,100,000
		未　　払　　金	8,000,000

　有形固定資産の代金等のうち，一部を現金で支払い，残りの金額を後日支払うことにした場合，貸方に現金で支払った金額と後払いにした金額が列挙される。

　なお，取得原価の計算は，後払いにした金額も含めて行う。

問題 4 − 5

	借方		貸方	
	勘定科目	金額	勘定科目	金額
①	車　両　運　搬　具	800,000	未　　払　　金	800,000
②	修　　繕　　費	110,000	現　　　　　金	110,000

問題４－６

	借方		貸方	
	勘定科目	金額	勘定科目	金額
①	消　耗　品　費	8,800	現　　　　金	8,800
②	備　　　　品	445,000	現　　　　金	445,000

　　同じ事務所で使用するためのものであっても，短期間のうちに消費されてしまうインクトナーと長期的に使用されるコピー機とでは使用する勘定が異なる。

問題４－７

	借方		貸方	
	勘定科目	金額	勘定科目	金額
①	消　耗　品　費	27,200	未　　払　　金	27,200
②	未　　払　　金	27,200	現　　　　金	27,200

消　　耗　　品　　費
未　払　金	27,200	――	――

未　　払　　金
現　　　金	27,200	消　耗　品　費	27,200

　　消耗品の取得原価も，有形固定資産の取得原価と同じように付随費用を含めて計算する。

5　商品売買取引の処理①

問題５－１

商品として取り扱われるもの……①，④　　　　　商品として取り扱われないもの……②，③

　　ある物品が商品として取り扱われるかどうかは，それが販売目的で保有されるかどうかによって判定され，企業が営む業種やその物品の種類はその判定に関係ない。

問題５－２

① 仕入　　　② 売上　　　③ 繰越商品　　　④ 費用　　　⑤ 付随費用

⑥ 取得原価　⑦ 収益

問題５－３

① 76,500 円　　　② 38,000 円　　　③ 22,500,000 円

① （30 個 × 2,500 円）＋ 1,500 円 = 76,500 円

② （20 個 × 900 円 ＋ 30 個 × 600 円）＋ 2,000 円 = 38,000 円

③ 45 ㎡ × 500,000 円 = 22,500,000 円

問題５－４

	借方		貸方	
	勘定科目	金額	勘定科目	金額
①	仕　　　　入	54,000	現　　　　金	54,000
②	現　　　　金	19,800	売　　　　上	19,800

	借方		貸方	
	勘定科目	金額	勘定科目	金額
①	現　　　金	6,300	売　　　上	6,300
②	発　送　費	100	現　　　金	100

　商品を売り上げたときに送料を受け取った場合は，その金額を売り上げた商品の金額とあわせて売上勘定に計上する。その後，商品を配送し，送料を支払ったときは，その支払いによる純資産の減少額を費用の勘定である発送費勘定に記録する（売上勘定に記録した金額を減らす必要はない）。

問題５－６

〔島根株式会社〕

	借方		貸方	
	勘定科目	金額	勘定科目	金額
①	売　掛　金	12,300	売　　　上	12,300*1
②	売　掛　金	18,300	売　　　上	18,300*2
③	普　通　預　金	30,600	売　掛　金	30,600*3

〔広島株式会社〕

	借方		貸方	
	勘定科目	金額	勘定科目	金額
①	仕　　　入	12,300*1	買　掛　金	12,300
②	仕　　　入	18,300*2	買　掛　金	18,300
③	買　掛　金	30,600*3	現　　　金	31,100
	支　払　手　数　料	500		

*1　20個 × 600円 + 300円 = 12,300円

*2　30個 × 600円 + 300円 = 18,300円

*3　12,300円 + 18,300円 = 30,600円

問題５－７

	借方		貸方	
	勘定科目	金額	勘定科目	金額
①	普　通　預　金	309,000	売　掛　金	309,000
②	仕　　　入	26,000	買　掛　金	26,000
③	買　掛　金	97,200	普　通　預　金	97,700
	支　払　手　数　料	500		
④	売　掛　金	15,000	売　　　上	15,000

問題５－８

	借方		貸方	
	勘定科目	金額	勘定科目	金額
①	仕　　　　入	2,406,000*1	買　掛　金	2,406,000
②	備　　　　品	2,418,000*2	未　払　金	2,418,000

*1　(10 台× 240,000 円) + 6,000 円= 2,406,000 円

*2　(10 台× 240,000 円) + (6,000 円+ 12,000 円) = 2,418,000 円

　　購入したものが商品であるかどうかで，購入したものを記録する勘定だけでなく，後日支払うべき金額を記録する勘定も変わる．買掛金勘定は，販売目的で購入した商品の代金等を後払いにしたときにしか使えない．

6　商品売買取引の処理②

問題６－１

借方に記録されるもの……②，③　　　　貸方に記録されるもの……①，④

問題６－２

③

問題６－３

	借方		貸方	
	勘定科目	金額	勘定科目	金額
①	仕　　　　入	27,000	買　掛　金	27,000
②	買　掛　金	27,000	仕　　　　入	27,000

問題６－４

① 内金　　　② 前払金　　　③ 前受金　　　④ 販売価額

問題６－５

	借方		貸方	
	勘定科目	金額	勘定科目	金額
①	前　払　金	63,000	現　　　　金	63,000
②	仕　　　　入	210,500*	前　払　金	63,000
			買　掛　金	147,500
③	買　掛　金	147,500	現　　　　金	147,500

*30 個× 7,000 円+ 500 円= 210,500 円

	前　　払　　金		
現　　金	63,000	仕　　入	63,000

	仕　　　　　入		
諸　　口	210,500	───	───

	買　　掛　　金		
現　　金	147,500	仕　　入	147,500

問題 6 − 6

	借方		貸方	
	勘定科目	金額	勘定科目	金額
①	現　　　　金	25,000	前　受　金	25,000
②	前　受　金	25,000	売　　　　上	25,000

前　　　　受　　　　金

売　　　　上	25,000	現　　　　金	25,000

売　　　　　　　　上

──	──	前　受　金	25,000

問題 6 − 7

	借方		貸方	
	勘定科目	金額	勘定科目	金額
①	前　受　金 現　　　　金	5,000 40,000	売　　　　上	45,000
②	現　　　　金 売　掛　金	20,000 108,000	売　　　　上	128,000

　　代金の一部を前払いで受け取っている場合も，後払いで受け取る場合も，その金額を含めて売上勘定に記録する。

7　消費税，租税公課

問題 7 − 1

① 仮払消費税　　　② 仮受消費税　　　③ 未払消費税

問題 7 − 2

① 10,000 円　　　② 22,000 円　　　③ 399,300 円

① 100,000 円 × 10 ÷ 100 ＝ 10,000 円

② 220,000 円 × 10 ÷ 100 ＝ 22,000 円

③ 消費税額：363,000 円 × 10 ÷ 100 ＝ 36,300 円
消費税込価額：363,000 円 ＋ 36,300 円 ＝ 399,300 円

問題 7 − 3

① 80 円　　　② 280 円　　　③ 4,968 円

① 1,000 円 × 8 ÷ 100 ＝ 80 円

② 3,500 円 × 8 ÷ 100 ＝ 280 円

③ 消費税額：4,600 円 × 8 ÷ 100 ＝ 368 円
税込価額：4,600 円 ＋ 368 円 ＝ 4,968 円

	借方		貸方	
	勘定科目	金額	勘定科目	金額
①	仕　　　　入	3,900	現　　　　金	4,290
	仮　払　消　費　税	390		
②	現　　　　金	9,350	売　　　　上	8,500
			仮　受　消　費　税	850
③	仮　受　消　費　税	850	仮　払　消　費　税	390
			未　払　消　費　税	460
④	未　払　消　費　税	460	現　　　　金	460

仮　払　消　費　税			
現　　　　金	390	仮　受　消　費　税	390

仮　受　消　費　税			
諸　　　　口	850	現　　　　金	850

未　払　消　費　税			
現　　　　金	460	仮　受　消　費　税	460

問題７－５

借方		貸方	
勘定科目	金額	勘定科目	金額
仕　　　　入	68,000	買　掛　金	74,800
仮　払　消　費　税	6,800		

　商品の取得原価には配送料金（付随費用）を含めるが，消費税の額は含めない。このため，仕入勘定に記録される金額は，納品書の小計欄に書かれている金額となる。一方，買掛金勘定には，消費税の額を含めた企業が支払うべき金額をまとめて計上する。

問題７－６

借方		貸方	
勘定科目	金額	勘定科目	金額
備　　　　品	452,000	現　　　　金	497,200
仮　払　消　費　税	45,200		

問題７－７

借方		貸方	
勘定科目	金額	勘定科目	金額
通　信　費	18,800	現　　　　金	38,800
租　税　公　課	20,000		

　郵便切手は郵便料金を前払いしたとき，収入印紙は印紙税を前払いしたときに受け取るものであるが，通常，これらを購入したときに費用の勘定に記録してしまう。なお，郵便切手と収入印紙については，どちらも消費税は課税されない。

8 給料の支払い

問題 8 − 1

① 従業員立替金   ② 社会保険料預り金   ③ 法定福利費

問題 8 − 2

① 50,000 円   ② 25,000 円   ③ 91,500 円   ④ 45,750 円   ⑤ 3,000 円

   ① 500,000 円 × 10 ÷ 100 = 50,000 円

   ② 50,000 円 ÷ 2 = 25,000 円

   ③ 500,000 円 × 18.3 ÷ 100 = 91,500 円

   ④ 91,500 円 ÷ 2 = 45,750 円

   ⑤ 500,000 円 × 0.6 ÷ 100 = 3,000 円

問題 8 − 3

	借方		貸方	
	勘定科目	金額	勘定科目	金額
①	従 業 員 立 替 金 法 定 福 利 費	21,600 45,000	現 金	66,600
②	給 料	300,000	従 業 員 立 替 金 普 通 預 金	1,800 298,200

従 業 員 立 替 金

現 金	21,600	給 料	1,800

法 定 福 利 費

現 金	45,000	——	——

問題 8 − 4

	借方		貸方	
	勘定科目	金額	勘定科目	金額
①	給 料	300,000	社 会 保 険 料 預 り 金 普 通 預 金	42,450 257,550
②	社 会 保 険 料 預 り 金 法 定 福 利 費	42,450 42,450	現 金	84,900

  保険料勘定は，企業が自身の財産等を守るために加入した保険に係る保険料を記録する勘定であり，従業員が負担すべき社会保険料を記録するものではない。

	借方		貸方	
	勘定科目	金額	勘定科目	金額
①	給　　　　料	300,000	所 得 税 預 り 金	8,420
			住 民 税 預 り 金	22,900
			普 通 預 金	268,680
②	所 得 税 預 り 金	8,420	普 通 預 金	8,420
③	住 民 税 預 り 金	22,900	普 通 預 金	22,900

　租税公課勘定は，企業が負担すべき租税公課（一部の税金を除く）を記録する勘定であり，従業員に対して課せられる所得税や住民税の額を記録するものではない。

借方		貸方	
勘定科目	金額	勘定科目	金額
給　　　　料	280,000	従 業 員 立 替 金	1,680
		社会保険料預り金	39,620 *
		所 得 税 預 り 金	7,610
		住 民 税 預 り 金	20,800
		普 通 預 金	210,290

＊　健康保険料 14,000 円 + 年金保険料 25,620 円 = 39,620 円

9　資本取引

　①　出資　　　　②　株式　　　　③　株主　　　　④　株主総会　　　　⑤　配当

収益または費用の勘定に記録されるもの……①，②，④
純資産の勘定に記録されるもの……③，⑤

　投資者や株主との間で行われる金銭等のやりとりは，簿記上，資本取引として取り扱われ，資本取引による純資産の増減額は純資産の勘定に直接記録される。

	借方		貸方	
	勘定科目	金額	勘定科目	金額
①	普 通 預 金	1,500,000	資　　本　　金	1,500,000*1
②	普 通 預 金	800,000	資　　本　　金	800,000*2

*1　50 株 × 30,000 円 = 1,500,000 円
*2　20 株 × 40,000 円 = 800,000 円
　株式会社を設立したときも，設立後に増資をするときも，投資者から出資を受けたときに行う仕訳の方法に違いはない。

問題 9 - 4

借方		貸方	
勘定科目	金額	勘定科目	金額
普 通 預 金	2,000,000 *	資 本 金	1,000,000
		資 本 準 備 金	1,000,000

* 20 株 × 100,000 円 = 2,000,000 円

問題 9 - 5

	借方		貸方	
	勘定科目	金額	勘定科目	金額
①	繰 越 利 益 剰 余 金	700,000	未 払 配 当 金	700,000
②	未 払 配 当 金	700,000	普 通 預 金	720,000
	支 払 手 数 料	20,000		

問題 9 - 6

借方		貸方	
勘定科目	金額	勘定科目	金額
繰 越 利 益 剰 余 金	1,380,000	未 払 配 当 金	800,000
		利 益 準 備 金	80,000
		別 途 積 立 金	500,000

10 試算表

問題 10 - 1

勘定科目	借方合計	貸方合計	残高金額
現 金	110,000 円	39,000 円	71,000 円（借方残高）
仮 受 消 費 税	15,400 円	15,400 円	0（　　残高）
買 掛 金	166,100 円	223,200 円	57,100 円（貸方残高）
旅 費 交 通 費	16,700 円	0	16,700 円（借方残高）

問題 10-2

合 計 残 高 試 算 表

借方残高	借方合計	勘定科目	貸方合計	貸方残高
150	390	現　　　金	240	
820	1,950	普 通 預 金	1,130	
1,070	2,250	売 掛 金	1,180	
600	600	備　　　品		
300	300	車 両 運 搬 具		
	360	買 掛 金	650	290
	140	未 払 金	700	560
		資 本 金	800	800
	30	売　　　上	2,250	2,220
650	650	仕　　　入		
130	130	旅 費 交 通 費		
60	60	消 耗 品 費		
40	40	水 道 光 熱 費		
30	30	通 信 費		
20	20	租 税 公 課		
3,870	6,950		6,950	3,870

問題 10-3

　280,000 円

　　借方合計　1,650,000 円

　　貸方合計（資本金以外）　1,370,000 円

　　資本金の額：1,650,000 円 − 1,370,000 円 = 280,000 円

　　貸借平均の原理により，借方に記入した金額の合計額と貸方に記入した金額の合計額は一致するはずだから，資本金勘定の貸方側に両者の差額を追加で記入すれば，借方，貸方ともに合計金額が 1,650,000 円になる。

11 試算表

問題 11 - 1

④→①→③→②

問題 11 - 2

① 借方，貸方反対に仕訳されている。

② 貸方が買掛金勘定ではなく，未払金勘定になっている。

③ 金額が借方，貸方ともに 11,000 円ではなく，11,100 円になっている。

　修正仕訳を行うにあたっては，会計期間中に行われた仕訳のどこがどのように誤っていたかを正しく把握する必要がある。

問題 11 - 3

	借方		貸方	
	勘定科目	金額	勘定科目	金額
①	水　道　光　熱　費	47,500	普　通　預　金	47,500
②	現　　　　　　金	14,100	通　　信　　費	14,100

　誤った仕訳を取り消すためには，誤って行ってしまった仕訳を貸借反対に仕訳すればよい。

問題 11 - 4

	借方		貸方	
	勘定科目	金額	勘定科目	金額
①	現　　　　　　金	3,800	売　　　　　　上	3,800
②	現　　　　　　金	3,800	売　　　　　　上	3,800

　仕訳を貸借反対に行ってしまった場合は，誤った仕訳を取り消すための仕訳と正しい仕訳が同じ仕訳になるが，どちらも省略せずに仕訳しなければならない。問題文では2つの仕訳を分けて行うよう指示されているため，正しい金額の2倍の金額で仕訳をした場合は誤りとなる。

問題 11 - 5

	借方		貸方	
	勘定科目	金額	勘定科目	金額
①	現　　　　　　金	51,800	旅　費　交　通　費	51,800
②	旅　費　交　通　費	54,800	現　　　　　　金	54,800

問題 11 - 6

	借方		貸方	
	勘定科目	金額	勘定科目	金額
①	買　　掛　　金	225,500	普　通　預　金	225,000
			支　払　手　数　料	500
②	買　　掛　　金	225,000	普　通　預　金	225,500
	支　払　手　数　料	500		

12 決算手続②

問題 12-1

① 売上原価　　② 仕入　　③ 期末商品棚卸高　　④ 期首商品棚卸高　　⑤ 繰越商品

問題 12-2

① 3,120,000 円　　② 2,350,000 円　　③ 1,400,000 円

① 270,000 円 + 3,150,000 円 − 300,000 円 = 3,120,000 円

② 2,790,000 円 − 440,000 円 = 2,350,000 円

③ 440,000 円 + 960,000 円 = 1,400,000 円

問題 12-3

借方		貸方	
勘定科目	金額	勘定科目	金額
仕　　　　　　入	551,000	繰　越　商　品	551,000
繰　越　商　品	587,000	仕　　　　　　入	587,000

繰　越　商　品

前　期　繰　越	551,000	仕　　　　　入	551,000
仕　　　　　入	587,000	——	——

仕　　　　　入

諸　　　　　口	4,006,000	繰　越　商　品	587,000
繰　越　商　品	551,000	——	——

売上原価の額　3,970,000 円

売上原価を仕入勘定で計算した場合，仕入勘定の残高金額が当期の売上原価の額となる。

(4,006,000 円 + 551,000 円) − 587,000 円 = 3,970,000 円

問題 12-4

借方		貸方	
勘定科目	金額	勘定科目	金額
仕　　　　　　入	690,000	繰　越　商　品	690,000
繰　越　商　品	645,000	仕　　　　　　入	645,000

売上原価の額　5,675,000 円

決算整理前の繰越商品勘定の残高金額 690,000 円は期首商品棚卸高を表し，仕入勘定の残高金額 5,630,000 円は当期商品仕入高を表す。したがって，当期の売上原価は 5,675,000 円（= 690,000 円 + 5,630,000 円 − 645,000 円）となる。

問題 12-5

借方		貸方	
勘定科目	金額	勘 定 科 目	金額
売 上 原 価	840,000	繰 越 商 品	840,000
売 上 原 価	6,288,000	仕 入	6,288,000
繰 越 商 品	873,000	売 上 原 価	873,000

繰　　　越　　　商　　　品

諸　　　　口	840,000	売 上 原 価	840,000
売 上 原 価	873,000	――	――

仕　　　　　　　　入

諸　　　　口	6,288,000	売 上 原 価	6,288,000

売　　　上　　　原　　　価

繰 越 商 品	840,000	繰 越 商 品	873,000
仕　　　入	6,288,000	――	――

売上原価の額　6,255,000 円

売上原価を売上原価勘定で計算した場合，売上原価勘定の残高金額が当期の売上原価の額となる。

（840,000 円 + 6,288,000 円）－ 873,000 円 = 6,255,000 円

問題 12-6

借方		貸方	
勘定科目	金額	勘定科目	金額
貯 蔵 品	20,880	通 信 費	11,280
		租 税 公 課	9,600

問題 12-7

借方		貸方	
勘定科目	金額	勘定科目	金額
貯 蔵 品	13,640	通 信 費	5,640
		租 税 公 課	8,000

通信費の額　175,560 円　　　租税公課の額　62,000 円

未使用額を貯蔵品勘定に振り替えた後の通信費勘定の残高金額，租税公課勘定の残高金額が，それぞれ当期の通信費，租税公課の額となる。

① 取得原価　　　② 残存価額　　　③ 要償却額　　　④ 耐用年数　　　⑤ 月割計算

① 900,000 円　　　② 325,000 円　　　③ 337,500 円

① （39,000,000 円 － 3,900,000 円）÷ 39 年 ＝ 900,000 円

② （2,600,000 円 － 0 円）÷ 8 年 ＝ 325,000 円

③ （1,800,000 円 － 0 円）÷ 4 年 ÷ 12 × 9 か月 ＝ 337,500 円

割り切れない場合は，割り算を最後に回して計算するとよい。

	借方		貸方	
	勘定科目	金額	勘定科目	金額
①	減 価 償 却 費	2,200,000*	建　　物	2,200,000
②	減 価 償 却 費	2,200,000*	建物減価償却累計額	2,200,000

* （66,000,000 円 － 6,600,000 円）÷ 27 年 ＝ 2,200,000 円

　この建物は，前期以前に取得したものであり，かつ，期末に保有しているため，期首から期末まで 1 年間使用していたものと判断できる。このため，1 年分の減価償却費の額がそのまま当期の減価償却費の額となる。

20X1 年末 （20X1 年 12 月 31 日）	20X2 年末 （20X2 年 12 月 31 日）	20X3 年末 （20X3 年 12 月 31 日）	20X4 年末 （20X4 年 12 月 31 日）
1,575,000 円	1,050,000 円	525,000 円	0 円

1 年分の減価償却費の額：（2,100,000 円 － 0 円）÷ 4 年 ＝ 525,000 円

　直接法で仕訳している場合は，有形固定資産の取得原価が記録されている勘定（車両運搬具勘定）の金額から各期の減価償却費の額を直接差し引いていく。

	20X1 年末 （20X1 年 12 月 31 日）	20X2 年末 （20X2 年 12 月 31 日）	20X3 年末 （20X3 年 12 月 31 日）	20X4 年末 （20X4 年 12 月 31 日）
車 両 運 搬 具	2,100,000 円	2,100,000 円	2,100,000 円	2,100,000 円
車両運搬具減価償却累計額	525,000 円	1,050,000 円	1,575,000 円	2,100,000 円

1 年分の減価償却費の額：（2,100,000 円 － 0 円）÷ 4 年 ＝ 525,000 円

　間接法で仕訳している場合は，有形固定資産の取得原価が記録されている勘定（車両運搬具勘定）の残高金額は，その有形固定資産を保有している間は維持される。各期の減価償却費の額は，減価償却累計額勘定（車両運搬具減価償却累計額勘定）に蓄積されていく。

	20X1 年末 （20X1 年 12 月 31 日）	20X2 年末 （20X2 年 12 月 31 日）	20X3 年末 （20X3 年 12 月 31 日）	20X4 年末 （20X4 年 12 月 31 日）
車 両 運 搬 具	2,100,000 円	2,100,000 円	2,100,000 円	2,100,000 円
車両運搬具減価償却累計額	393,750 円	918,750 円	1,443,750 円	1,968,750 円

1 年分の減価償却費の額：（2,100,000 円 − 0 円）÷ 4 年 = 525,000 円（20X2 年～ 20X4 年）

9 か月分（20X1 年 4 月～ 20X2 年 3 月）：525,000 円 ÷ 12 × 9 か月 = 393,750 円（20X1 年）

　月割計算が必要となるのは，期中に乗用車を取得した 20X1 年度のみであり，20X2 年度以後は，期首から期末まで乗用車を使用し続けているため，計上される減価償却費の額も 1 年分の 525,000 円となる。

問題 13 - 7

① 損益振替　　② 資本振替　　③ 損益　　④ 繰越利益剰余金

問題 13 - 8

		借方		貸方	
	勘定科目	金額	勘定科目	金額	
①	売　　　　　上	7,700	損　　　　　益	7,700	
	受　取　利　息	10	損　　　　　益	10	
	損　　　　　益	2,840	仕　　　　　入	2,840	
	損　　　　　益	960	減　価　償　却　費	960	
	損　　　　　益	380	広　告　宣　伝　費	380	
	損　　　　　益	490	旅　費　交　通　費	490	
	損　　　　　益	225	消　耗　品　費	225	
	損　　　　　益	370	水　道　光　熱　費	370	
	損　　　　　益	800	支　払　家　賃	800	
	損　　　　　益	180	租　税　公　課	180	
	損　　　　　益	15	支　払　利　息	15	
②	損　　　　　益	1,450	繰　越　利　益　剰　余　金	1,450	

繰越利益剰余金
	8,900
	1,450

売上
50	7,750
7,700	

受取利息
10	10

仕入
2,870	310
280	2,840

減価償却費
960	960

広告宣伝費
380	380

旅費交通費
490	490

消耗品費
250	25
	225

水道光熱費
370	370

支払家賃
800	800

租税公課
190	10
	180

支払利息
15	15

損 益

仕 入	2,840	売 上	7,700
減 価 償 却 費	960	受 取 利 息	10
広 告 宣 伝 費	380		
旅 費 交 通 費	490		
消 耗 品 費	225		
水 道 光 熱 費	370		
支 払 家 賃	800		
租 税 公 課	180		
支 払 利 息	15		
繰 越 利 益 剰 余 金	1,450		

問題 13 − 9

	借方		貸方	
	勘定科目	金額	勘定科目	金額
①	損　　　　益	1,150,000	繰 越 利 益 剰 余 金	1,150,000
②	繰 越 利 益 剰 余 金	710,000	損　　　　益	710,000

　当期純利益は，費用総額よりも収益総額の方が多いときのその差額をいうから，このとき損益勘定は，収益の各勘定の残高金額が転記される貸方合計の方が大きくなっている。このため，資本振替仕訳では，その金額を損益勘定の借方に記録して，残高金額をゼロとする。当期純損失の場合は，これと貸借反対に考えればよい。

14　決算手続④

問題 14 − 1

損　益　計　算　書

○○株式会社　　　　　20X1 年 4 月 1 日〜20X2 年 3 月 31 日　　　　（単位：円）

費用	金額	収益	金額
（ 売 上 原 価 ）	682,000	（ 売 上 高 ）	2,334,000
給　　　　料	507,000	受 取 家 賃	66,000
法 定 福 利 費	73,500		
減 価 償 却 費	481,000		
旅 費 交 通 費	82,510		
通 信 費	294,040		
保 険 料	36,000		
支 払 家 賃	180,000		
支 払 利 息	50		
（ 当 期 純 利 益 ）	63,900		
	2,400,000		2,400,000

　損益計算書では，売上勘定，仕入勘定は，それぞれ売上高，売上原価と書き換える。また，繰越利益剰余金勘定への振替額は当期純利益または当期純損失とする。本問では，収益の各勘定から残高金額が振り替えられた貸方側の合計金額の方が大きいため，その金額は当期純利益を意味する。

問題 14－2

残　高　試　算　表

借方合計	勘定科目	貸方合計
20,700	現　　　　　金	
307,000	普　通　預　金	
185,000	売　　掛　　金	
55,800	繰　越　商　品	
1,500	貯　蔵　品	
480,000	備　　　　　品	
	買　　掛　　金	54,300
	未　払　消　費　税	19,200
	未　　払　　金	240,000
	減価償却累計額	135,000
	資　　本　　金	400,000
	繰越利益剰余金	201,500
1,050,000		1,050,000

貸　借　対　照　表

○○株式会社　　　　　　　　　20X2 年 3 月 31 日現在　　　　　　　　（単位：円）

資産	金額		負債・純資産	金額
現　　　　　金		20,700	買　　掛　　金	54,300
普　通　預　金		307,000	未　払　消　費　税	19,200
売　　掛　　金		185,000	未　　払　　金	240,000
商　　　　　品		55,800	資　　本　　金	400,000
貯　蔵　品		1,500	繰越利益剰余金	201,500
備　　　　　品	480,000			
減価償却累計額	△ 135,000	345,000		
		915,000		915,000

　　貸借対照表では，繰越商品勘定は，商品と書き換える。また，有形固定資産の評価勘定である減価償却累計額勘定は，有形固定資産が記載される借方に移動させたうえで，金額をマイナスにして表記する（金額に△をつける）。

問題 14－3

	借方		貸方	
	勘定科目	金額	勘定科目	金額
①	仮 払 法 人 税 等	200,000	現　　　　　金	200,000
②	法人税, 住民税及び事業税	350,000	仮 払 法 人 税 等	200,000
			未 払 法 人 税 等	150,000
③	未 払 法 人 税 等	150,000	現　　　　　金	150,000

問題 14-4

	借方		貸方	
	勘定科目	金額	勘定科目	金額
①	仮 受 消 費 税	933,000	仮 払 消 費 税	657,000
			未 払 消 費 税	276,000
②	法人税, 住民税及び事業税	518,000	仮 払 法 人 税 等	214,000
			未 払 法 人 税 等	304,000

消費税と法人税, 住民税, 事業税とで, 金額の与えられ方が異なることに注意されたい。

15 現金の管理

問題 15-1

	借方		貸方	
	勘定科目	金額	勘定科目	金額
①	小 口 現 金	60,000	現 金	60,000
②	旅 費 交 通 費	26,600	小 口 現 金	52,200*
	消 耗 品 費	9,600		
	通 信 費	5,000		
	雑 費	11,000		
③	小 口 現 金	52,200	現 金	52,200

* 26,600 円 + 9,600 円 + 5,000 円 + 11,000 円 = 52,200 円

小 口 現 金			
現 金	60,000	諸 口	52,200
現 金	52,200	——	——

定額資金前渡制度(インプレスト・システム)では, 小口現金係から報告を受けた使用額と, その後に補充される金額が同じ金額となる。

問題 15-2

帳簿残高を増やすべき状況……③　　　　帳簿残高を減らすべき状況……①, ②

現金の帳簿残高を増やすべきか減らすべきかは, その帳簿残高と実際有高との大小関係によって決まる。状況の与えられ方はさまざまであるが, 帳簿残高が多いか少ないかを正しく分析して, 帳簿残高が多ければその金額を減らし, 帳簿残高が少なければその金額を増やす。

問題 15-3

	借方		貸方	
	勘定科目	金額	勘定科目	金額
①	現 金 過 不 足	20,000	現 金	20,000
②	現 金	600	現 金 過 不 足	600

現金過不足が発生していることを確認したときは, 先に現金勘定への記録を行い, その相手勘定を現金過不足とするとよい。

問題 15－4

借方		貸方	
勘定科目	金額	勘定科目	金額
現 金 過 不 足	1,600	現　　　　金	1,600

　現金の帳簿残高は，現金勘定の残高金額として計算される。現金勘定の残高金額は，借方に記録されている金額の合計額と，貸方に記録されている金額の合計額との差額として計算され，その金額は，233,600 円である。現金の実際有高は，これよりも少ない 232,000 円であるから，現金の帳簿残高を減らす修正が必要になる。

問題 15－5

	借方		貸方	
	勘定科目	金額	勘定科目	金額
①	消 耗 品 費	700	現 金 過 不 足	700
②	現 金 過 不 足	3,000	通 信 費	3,000
③	売 掛 金	34,000	現 金 過 不 足	34,000
④	現 金	500	現 金 過 不 足	500

①　消耗品費勘定への記録が行われていなかったので追加で行う（現金勘定への記録は現金過不足を発見したときに処理済み）。

②　通信費勘定への記録が 3,000 円多く行われていることから，通信費勘定の残高金額を減らすため，貸方に 3,000 円を記録する（現金勘定への記録は現金過不足を発見したときに処理済み）。

③　売掛金勘定への記録が行われていなかったので追加で行う（現金勘定への記録は現金過不足を発見したときに処理済み）。

④　現金過不足を発見したときに行った現金勘定を修正する処理が誤りであったため，元の状態に戻す必要がある。陳列棚の下に落ちていた現金は，現金過不足を発見したときに実際有高に含まれていなかったものであるから，そのときは現金の実際有高が過少であり，現金勘定を減らす処理が行われているはずである。したがって，元の状態に戻すためには，現金の帳簿残高を増やす処理を行う。

　　現金過不足が生じた原因が判明したときは，通常，現金勘定への記録を修正することはないが，このように現金過不足を発見したときの現金の実際有高側に問題があったときは，現金の帳簿残高を元の状態に戻すための修正が必要になる。

問題 15－6

①　雑損勘定　　　　②　雑益勘定

　現金過不足勘定への記録は，現金の実際有高が不足したとき（現金の帳簿残高を減らしたとき）は借方に，現金の実際有高が過剰であったとき（現金の帳簿残高を増やしたとき）は貸方に行われる。したがって，前者の場合は雑損勘定，後者の場合は雑益勘定となる。

問題 15－7

借方		貸方	
勘定科目	金額	勘定科目	金額
雑　　　損	1,200	現 金 過 不 足	1,200

現金過不足勘定は借方残高であるため，この金額は雑損勘定に振り替えられる。

問題 15−8

借方		貸方	
勘定科目	金額	勘定科目	金額
現　　　　金	800	現 金 過 不 足	800
現 金 過 不 足	3,000	旅 費 交 通 費	3,000
消 耗 品 費	2,500	現 金 過 不 足	2,500
現 金 過 不 足	300	雑　　　　益	300

　　決算にあたって行うべき仕訳が求められているから，現金過不足勘定の残高金額を雑損勘定または雑益勘定に振り替えるところまで行う必要がある。上の3つの仕訳によって現金過不足勘定は貸方残高300円となっているから，この金額は雑益勘定に振り替える。

16　仮払金と仮受金，立替金と預り金

問題 16−1

① 小口現金　　　② 仮払金　　　③ 普通預金　　　④ 前払金　　　⑤ 仮払金
⑥ 現金過不足

問題 16−2

	借方		貸方	
	勘定科目	金額	勘定科目	金額
①	仮　払　金	45,000	現　　　　金	45,000
②	旅 費 交 通 費	42,000	仮　払　金	45,000
	現　　　　金	3,000		

問題 16−3

	借方		貸方	
	勘定科目	金額	勘定科目	金額
①	普 通 預 金	436,000	仮　受　金	436,000
②	仮　受　金	436,000	売　掛　金	436,000

仮　　　　受　　　　金

売　掛　金	436,000	普 通 預 金	436,000

問題 16−4

① 立替金　　　② 役員立替金　　　③ 旅費交通費

　　③で立て替えを行ったのは従業員であり，企業ではない。従業員立替金勘定は，企業が従業員のために立て替えた金額を記録する勘定であり，従業員が企業のために立て替えた金額を記録する勘定ではない。このような企業が負担すべき費用の額は，立替金勘定ではなく，費用の勘定（この設例の場合は旅費交通費勘定）に記録する。

問題 16－5

		借方		貸方	
	勘定科目	金額	勘定科目		金額
①	現　　　　　金	209,000	売　　　　　　　上		185,000
			仮　受　消　費　税		18,500*
			預　　　り　　　金		5,500
②	預　　り　　金	5,500	現　　　　　　　金		5,500

* 185,000 円 × 10 ÷ 100 = 18,500 円

預　　　　り　　　　金				
現　　　　金	5,500	現　　　　金	5,500

問題 16－6

		借方		貸方	
	勘定科目	金額	勘定科目		金額
①	現　　　　　　　金	30,000	立　　替　　金		30,000
②	旅　費　交　通　費	17,800	仮　　払　　金		15,000
			現　　　　　金		2,800
③	消　耗　品　費	8,800	現　金　過　不　足		8,800
④	社 会 保 険 料 預 り 金	45,000	現　　　　　金		90,000
	法　定　福　利　費	45,000			
⑤	旅　費　交　通　費	16,700	小　口　現　金		26,200
	消　耗　品　費	6,600			
	雑　　　　　　費	2,900			

17　小切手，約束手形

問題 17－1
① 当座預金　　　② 取引銀行　　　③ 振出し　　　④ 現金　　　⑤ 他人振出小切手
⑥ 通貨代用証券

問題 17－2

		借方		貸方	
	勘定科目	金額	勘定科目		金額
①	仕　　　　　入	1,200,000	当　座　預　金		1,200,000
②	仕　訳　な　し				

　当座預金勘定の残高を減らす記録は小切手を振り出したときに行う。実際に当座預金口座から支払われたときは当座預金勘定への記録を行う必要はない。

問題17－3

	借方		貸方	
	勘定科目	金額	勘定科目	金額
①	現　　　　　金	1,200,000	売　　　　　上	1,200,000
②	仕　訳　な　し			

　　現金勘定の残高を増やす記録は小切手を受け取ったときに行う。実際に金融機関で通貨を受け取ったときは現金勘定への記録を行う必要はない。

問題17－4

	借方		貸方	
	勘定科目	金額	勘定科目	金額
①	現　　　　　金	3,770,000	売　掛　金	3,770,000
②	支　払　手　数　料	1,000	現　　　　　金	3,770,000
	当　座　預　金	3,769,000		

問題17－5

①　当座預金　　　　②　小切手　　　③　約束手形　　　④　支払手形

問題17－6

	借方		貸方	
	勘定科目	金額	勘定科目	金額
①	仕　　　　　入	93,500	買　掛　金	93,500
②	仕　　　　　入	74,500	買　掛　金	74,500
③	買　掛　金	168,000	支　払　手　形	168,000
④	支　払　手　形	168,000	当　座　預　金	168,000

買　　　　掛　　　　金

支　払　手　形	168,000	仕　　　入	93,500
──	──	仕　　　入	74,500

支　　払　　手　　形

当　座　預　金	168,000	買　掛　金	168,000

問題17－7

	借方		貸方	
	勘定科目	金額	勘定科目	金額
①	売　掛　金	202,000	売　　　　　上	202,000
②	売　掛　金	185,000	売　　　　　上	185,000
③	受　取　手　形	387,000	売　掛　金	387,000
④	支　払　手　数　料	1,000	受　取　手　形	387,000
	当　座　預　金	386,000		

売				掛				金		
売		上	202,000	受	取	手	形		387,000
売		上	185,000		—				—

受		取		手		形	
売	掛	金	387,000	諸		口	387,000

取引銀行に取立てを依頼した場合，手数料を差し引かれることになるが，受取手形勘定から差し引く金額は手数料を差し引かれる前の金額となる。

	借方		貸方	
	勘定科目	金額	勘定科目	金額
①	支 払 手 形	1,522,000	当 座 預 金	1,522,000
②	現 金	499,000	売 上	499,000
③	受 取 手 形	241,000	売 掛 金	241,000
④	買 掛 金 支 払 手 数 料	535,000 500	普 通 預 金	535,500
⑤	支 払 手 数 料 普 通 預 金	1,000 1,429,000	受 取 手 形	1,430,000

18 電子記録債権と電子記録債務，当座借越

問題18−1

① 金銭債権　　② 金銭債務　　③ 印紙税　　④ 発生記録　　⑤ 債務者

問題18−2

〔滋賀株式会社〕

	借方		貸方	
	勘定科目	金額	勘定科目	金額
①	電 子 記 録 債 権	557,000	売 上	557,000
②	支 払 手 数 料 当 座 預 金	200 556,800	電 子 記 録 債 権	557,000

愛知株式会社が電子記録債務の発生記録を行うと，これと同時に，滋賀株式会社側に金銭を受け取る権利（電子記録債権）が発生する。

〔愛知株式会社〕

	借方		貸方	
	勘定科目	金額	勘定科目	金額
①	仕 入 支 払 手 数 料	557,000 400	電 子 記 録 債 務 当 座 預 金	557,000 400
②	電 子 記 録 債 務	557,000	当 座 預 金	557,000

電子記録債務の発生記録を取引銀行に依頼したときに負担した手数料は，商品を仕入れるために要したものではなく，代金を支払うために要したものであるため，商品の取得原価には含めない。

	借方		貸方	
	勘定科目	金額	勘定科目	金額
①	仕　　　　　入	145,000	買　　掛　　金	145,000
②	仕　　　　　入	162,000	買　　掛　　金	162,000
③	買　　掛　　金	307,000	電 子 記 録 債 務	307,000
④	電 子 記 録 債 務	307,000	当　座　預　金	307,000

```
                    買          掛          金
  電子記録債務       307,000 │ 仕          入      145,000
    ──               ──    │ 仕          入      162,000


                電  子  記  録  債  務
  当  座  預  金     307,000 │ 買      掛      金     307,000
```

　約束手形を振り出した場合だけでなく，電子記録債務によって買掛金を支払うこととなった場合も，買掛金勘定への記録を取り崩して，その金額を新しい方法（この問題の場合は電子記録債務）によって支払われる金額を記録する勘定に振り替える。

（1）

	借方		貸方	
	勘定科目	金額	勘定科目	金額
①	当　座　預　金	1,000,000	普　通　預　金	1,000,000
②	買　　掛　　金	850,000	支　払　手　形	850,000
③	仕　　　　　入	300,000	当　座　預　金	300,000
④	仕　訳　な　し			
⑤	支　払　手　形	850,000	当　座　預　金	850,000

　当座借越契約は，「もし当座預金口座の残高が不足したらどうするか」を決める契約であり，その契約を結んだときに何らかの処理が必要になるわけではない（まだ当座預金口座の残高が不足する状況になっていないため）。

（2）

```
                当      座      預      金
  普  通  預  金    1,000,000 │ 仕          入      300,000
    ──               ──    │ 支  払  手  形     850,000
```

（3）
150,000円（貸方残高）

（4）

	借方		貸方	
	勘定科目	金額	勘定科目	金額
⑥	当 座 預 金	150,000	当 座 借 越	150,000

当　　　座　　　預　　　金

普 通 預 金	1,000,000	仕 入	300,000
当 座 借 越	150,000	支 払 手 形	850,000

当　　　座　　　借　　　越

―	―	当 座 預 金	150,000

　当座預金勘定は資産の勘定であるため，借方残高とならない場合は，全額，当座借越勘定に振り替える。この場合，当座預金勘定への記録は，当座預金勘定の残高がゼロになる（借方合計と貸方合計が等しくなる）ように行えばよい。

（5）

	借方		貸方	
	勘定科目	金額	勘定科目	金額
⑦	当 座 借 越	150,000	当 座 預 金	150,000

当　　　座　　　預　　　金

――	――	当 座 借 越	150,000

当　　　座　　　借　　　越

当 座 預 金	150,000	前 期 繰 越	150,000

　会計帳簿は，会計期間ごとに新しいものに切り替えられる。20X2年度の記録は，当座預金勘定の残高はゼロ，当座借越勘定の残高は150,000円の貸方残高からスタートする。再振替仕訳では，この当座借越勘定の貸方残高を当座預金勘定に振り替える。

19　貸付金と借入金，手形貸付金と手形借入金

問題 19－1
　① 貸付金　　　② 立替金

問題 19－2
　① 借入金　　　② 預り金

問題 19－3

	借方		貸方	
	勘定科目	金額	勘定科目	金額
①	貸　付　金	3,000,000	当　座　預　金	3,000,000
②	当　座　預　金	3,003,000	貸　付　金	3,000,000
			受　取　利　息	3,000

貸　　　　付　　　　金

当　座　預　金	3,000,000	当　座　預　金	3,000,000

問題 19－4

	借方		貸方	
	勘定科目	金額	勘定科目	金額
①	普　通　預　金	5,000,000	借　入　金	5,000,000
②	借　入　金	5,000,000	普　通　預　金	5,100,000
	支　払　利　息	100,000*		

*　5,000,000 円 × 2 ÷ 100 ＝ 100,000 円

借　　　　入　　　　金

普　通　預　金	5,000,000	普　通　預　金	5,000,000

問題 19－5

借入金勘定に記録されるもの……③

手形借入金勘定に記録されるもの……②

支払手形勘定に記録されるもの……①

問題 19－6

	借方		貸方	
	勘定科目	金額	勘定科目	金額
①	手　形　貸　付　金	2,050,000	現　　　　　　金	2,000,000
			受　取　利　息	50,000
②	支　払　手　数　料	1,000	手　形　貸　付　金	2,050,000
	当　座　預　金	2,049,000		

手　　形　　貸　　付　　金

諸　　　　口	2,050,000	諸　　　　口	2,050,000

問題 19－7

		借方		貸方	
	勘定科目	金額	勘定科目	金額
①	現　　　　　　金 支　払　利　息	8,000,000 200,000	手　形　借　入　金	8,200,000
②	手　形　借　入　金	8,200,000	当　座　預　金	8,200,000

手　形　借　入　金

当　座　預　金	8,200,000	諸　　　　　口	8,200,000

問題 19－8

	借方		貸方	
	勘定科目	金額	勘定科目	金額
①	借　　入　　金 支　払　利　息	750,000 15,000	普　通　預　金	765,000
②	手　形　借　入　金	840,000	当　座　預　金	840,000
③	普　通　預　金	2,040,000	貸　　付　　金 受　取　利　息	2,000,000 40,000
④	手　形　貸　付　金	927,000	当　座　預　金 受　取　利　息	900,000 27,000
⑤	貸　　付　　金 支　払　手　数　料	3,000,000 500	普　通　預　金	3,000,500

⑤　振込手数料は取引先に貸し付けたものではないから，貸付金勘定の金額には含めない。また，利息は返済時に受け取ることになっているため，このタイミングでは記録しない。

20　金銭債権の貸倒れ，保証金

問題 20－1

①　貸倒れ　　②　貸倒損失　　③　貸倒引当金　　④　貸方　　⑤　貸倒引当金繰入　　⑥　費用

問題 20－2

①　160,000 円　　　②　140,000 円　　　③　228,720 円

①　8,000,000 円 × 2 ÷ 100 ＝ 160,000 円

②　4,000,000 円 × 3.5 ÷ 100 ＝ 140,000 円

③　9,530,000 円 × 2.4 ÷ 100 ＝ 228,720 円

問題 20-3

	借方		貸方	
	勘定科目	金額	勘定科目	金額
①	貸 倒 損 失	2,000,000	売 掛 金	2,000,000
②	貸 倒 引 当 金	1,600,000	売 掛 金	2,000,000
	貸 倒 損 失	400,000		
③	貸 倒 引 当 金	2,000,000	売 掛 金	2,000,000

　貸倒引当金に相当する金額は，計上した会計期間の費用として処理されているため，その後，実際に貸倒れが生じたときに，貸倒引当金を計上済みの金額については，貸倒損失として処理しない（処理済みの金額を二重に計上しないため）。

問題 20-4

	借方		貸方	
	勘定科目	金額	勘定科目	金額
①	貸 倒 引 当 金	1,000,000	売 掛 金	1,200,000
	貸 倒 損 失	200,000		
②	貸 倒 損 失	1,200,000	売 掛 金	1,200,000

　貸倒引当金は，決算のタイミングで設定されるため，当期に発生した売掛金についてはまだ貸倒引当金の設定が行われていない（前倒しで費用として処理された金額はない）。このような場合は，貸し倒れた全額を当期の損失（貸倒損失）として処理すればよい（損失の二重計上について考慮する必要がない）。

問題 20-5

	借方		貸方	
	勘定科目	金額	勘定科目	金額
①	貸 倒 引 当 金	150,000	貸 倒 引 当 金 戻 入	150,000
	貸 倒 引 当 金 繰 入	236,000*1	貸 倒 引 当 金	236,000
②	貸 倒 引 当 金 繰 入	86,000*2	貸 倒 引 当 金	86,000

*1　5,900,000 円 × 4 ÷ 100 = 236,000 円

*2　236,000 円 − 150,000 円 = 86,000 円

問題 20-6

	借方		貸方	
	勘定科目	金額	勘定科目	金額
①	現 金	200,000	売 掛 金	200,000
②	現 金	200,000	償 却 債 権 取 立 益	200,000

　貸倒れとして処理したときに金銭債権（売掛金）の記録は会計帳簿上から消してしまっているので，その後，回収することができても，その金銭債権（売掛金）の記録は行わない（記録が重複してしまうため）。償却債権取立益勘定は，このような状況で金銭債権（売掛金）の代わりに使用される。

	借方		貸方	
	勘定科目	金額	勘定科目	金額
①	支 払 家 賃	900,000	当 座 預 金	3,600,000
	差 入 保 証 金	1,800,000		
	支 払 手 数 料	900,000		
②	当 座 預 金	1,800,000	差 入 保 証 金	1,800,000

差 入 保 証 金

当 座 預 金	1,800,000	当 座 預 金	1,800,000

21 有形固定資産の売却，月次決算を行う場合の減価償却

問題21－1

①→③→④→②

問題21－2

① 9,400,000 円（利益）　　② 700,000 円（損失）　　③ 155,000 円（損失）

④ 860,000 円（損失）

① 48,000,000 円－（35,000,000 円＋3,600,000 円）＝9,400,000 円（利益）

② 20,000,000 円－（19,000,000 円＋1,700,000 円）＝△700,000 円（損失）

③ 80,000 円－（770,000 円－550,000 円＋15,000 円）＝△155,000 円（損失）

④ 300,000 円－（1,080,000 円＋80,000 円）＝△860,000 円（損失）

有形固定資産の帳簿価額とは，有形固定資産の取得原価からそれまでに計上された減価償却費の額の累計額を控除した残額のことをいう。

問題21－3

	借方		貸方	
	勘定科目	金額	勘定科目	金額
未 収 入 金		9,600,000[*2]	土　　　　　地	8,400,000[*1]
			現　　　　　金	1,020,000
			固 定 資 産 売 却 益	180,000[*3]

*1　60 ㎡×140,000 円＝8,400,000 円

*2　60 ㎡×160,000 円＝9,600,000 円

*3　9,600,000 円－（8,400,000 円＋1,020,000 円）＝180,000 円（利益）

問題21−4

借方		貸方	
勘定科目	金額	勘定科目	金額
車両運搬具減価償却累計額	1,800,000	車　両　運　搬　具	2,100,000
現　　　　　　金	50,000		
固 定 資 産 売 却 損	250,000*		

* 50,000 円 −（2,100,000 円 − 1,800,000 円）= △ 250,000 円（損失）

問題21−5

（1）

	借方		貸方	
	勘定科目	金額	勘定科目	金額
①	車　両　運　搬　具	2,880,000	当　座　預　金	2,880,000
②	減　価　償　却　費	540,000*	減 価 償 却 累 計 額	540,000
③	損　　　　　　益	540,000	減　価　償　却　費	540,000

* （2,880,000 円 − 0 円）÷ 4 年 = 720,000 円

720,000 円 ÷ 12 × 9 か月 = 540,000 円（7 月〜 3 月の 9 か月分）

車　　両　　運　　搬　　具

当　座　預　金	2,880,000	——	——

減　価　償　却　累　計　額

——	——	減　価　償　却　費	540,000

減　　価　　償　　却　　費

減価償却累計額	540,000	損　　　　　益	540,000

（2）

	借方		貸方	
	勘定科目	金額	勘定科目	金額
④	減　価　償　却　費	720,000*	減 価 償 却 累 計 額	720,000
⑤	損　　　　　　益	720,000	減　価　償　却　費	720,000

* （2,880,000 円 − 0 円）÷ 4 年 = 720,000 円

減　価　償　却　累　計　額

——	——	前　期　繰　越	540,000
——	——	減　価　償　却　費	720,000

減　　価　　償　　却　　費

減価償却累計額	720,000	損　　　　　益	720,000

（3）

	借方		貸方	
	勘定科目	金額	勘定科目	金額
⑥	減 価 償 却 費	480,000*1	減 価 償 却 累 計 額	480,000
	減 価 償 却 累 計 額	1,740,000*2	車 両 運 搬 具	2,880,000
	現　　　　　　金	100,000		
	固 定 資 産 売 却 損	1,040,000*3		
⑦	損　　　　　　益	480,000	減 価 償 却 費	480,000
	損　　　　　　益	1,040,000	固 定 資 産 売 却 損	1,040,000

*1　（2,880,000 円 − 0 円）÷ 4 年 = 720,000 円

　　720,000 円 ÷ 12 × 8 か月 = 480,000 円（4 月〜 11 月の 8 か月分）

*2　1,260,000 円 + 480,000 円 = 1,740,000 円

*3　100,000 円 −（2,880,000 円 − 1,740,000 円）= △ 1,040,000 円（損失）

車　　両　　運　　搬　　具

前 期 繰 越	2,880,000	諸　　　　口	2,880,000

減　価　償　却　累　計　額

車 両 運 搬 具	1,740,000	前 期 繰 越	1,260,000
――	――	減 価 償 却 費	480,000

減　　価　　償　　却　　費

減価償却累計額	480,000	損　　　　益	480,000

固　定　資　産　売　却　損

車 両 運 搬 具	1,040,000	損　　　　益	1,040,000

問題 21 − 6

1 年分の減価償却費の額……1,358,000 円

決算月以外の各月の減価償却費の額……113,166 円

決算月の減価償却費の額……113,174 円

　1 年分の減価償却費の額：63,826,000 円 ÷ 47 年 = 1,358,000 円

　決算月以外の各月の減価償却費の額：1,358,000 円 ÷ 12 = 113,166.66…… → 113,166 円（切捨て）

　決算月の減価償却費の額：1,358,000 円 −（113,166 円 × 11）= 113,174 円

22　第三者から商品の販売代金を受け取る場合の処理

問題22-1

	借方		貸方	
	勘定科目	金額	勘定科目	金額
①	受 取 商 品 券	20,000	売 上	27,000
	現 金	7,000		
②	受 取 商 品 券	50,000	売 上	49,000
			現 金	1,000
③	普 通 預 金	70,000	受 取 商 品 券	70,000

受　　取　　商　　品　　券

売 上	20,000	普 通 預 金	70,000
諸 口	50,000	——	——

問題22-2

借方		貸方	
勘定科目	金額	勘定科目	金額
受 取 商 品 券	10,000	売 上	9,800
現 金	780	仮 受 消 費 税	980

問題22-3

① 立替払い　　② 後払い　　③ 手数料　　④ 将来の入金予定額

⑤ クレジットカードの利用額

問題22-4

	借方		貸方	
	勘定科目	金額	勘定科目	金額
①	支 払 手 数 料	7,850*	売 上	157,000
	クレジット売掛金	149,150		
②	普 通 預 金	149,150	クレジット売掛金	149,150

＊　157,000 円 × 5 ÷ 100 ＝ 7,850 円

ク　レ　ジ　ッ　ト　売　掛　金

売 上	149,150	普 通 預 金	149,150

　クレジットカード会社に対する手数料は，商品を売り上げたときに処理されているので，入金を受けたときに処理する必要はない。

問題22−5

借方		貸方	
勘定科目	金額	勘定科目	金額
支 払 手 数 料	11,880*2	売　　　　　　上	240,000
クレジット売掛金	252,120	仮 受 消 費 税	24,000*1

*1　240,000 円× 10 ÷ 100 ＝ 24,000 円

*2　(240,000 円＋ 24,000 円) × 4.5 ÷ 100 ＝ 11,880 円

　　手数料はクレジットカードの利用額に対して課せられるものであるため，消費税も含めた税込価額を使ってその金額を計算する。

問題22−6

	借方		貸方	
	勘定科目	金額	勘定科目	金額
①	クレジット売掛金	187,000	売　　　　　　上	187,000
②	支 払 手 数 料	7,106*	クレジット売掛金	187,000
	普 通 預 金	179,894		

*　187,000 円× 3.8 ÷ 100 ＝ 7,106 円

クレジット売掛金

売　　上	187,000	諸　　口	187,000

問題22−7

	借方		貸方	
	勘定科目	金額	勘定科目	金額
①	普 通 預 金	338,400	クレジット売掛金	338,400*1
②	普 通 預 金	726,800	売　掛　金	727,300
	支 払 手 数 料	500		
③	普 通 預 金	40,000	受 取 商 品 券	40,000
④	支 払 手 数 料	8,364*2	クレジット売掛金	204,000
	普 通 預 金	195,636		

*1　360,000 円−(360,000 円× 6 ÷ 100) ＝ 338,400 円

*2　204,000 円× 4.1 ÷ 100 ＝ 8,364 円

①　手数料の処理は売上時に行っているため，クレジット売掛金勘定にはこの手数料の額を控除した後の金額が記録されている。

④　手数料の処理を入金時に行うため，クレジット売掛金勘定には手数料を控除する前のクレジットカードの使用額が記録されている。

	借方		貸方	
	勘定科目	金額	勘定科目	金額
①	仕　　　　　　入	142,800	繰　越　商　品	142,800
	繰　越　商　品	145,500	仕　　　　　　入	145,500
②	売　上　原　価	142,800	繰　越　商　品	142,800
	売　上　原　価	722,700*	仕　　　　　　入	722,700
	繰　越　商　品	145,500	売　上　原　価	145,500

* （167,000 円 + 198,500 円 + 204,000 円 + 175,200 円）－ 22,000 円 = 722,700 円

売上原価の額…… 720,000 円

* 142,800 円 + 722,700 円 − 145,500 円 = 720,000 円

なお，売上原価の額は，仕入勘定で計算しても売上原価勘定で計算しても同じ金額となる。

当期商品仕入高…… 422,300 円　　　　期末商品棚卸高…… 80,900 円
当期売上原価…… 417,000 円
　当期商品仕入高：86,000 円 + 105,600 円 + 87,500 円 + 71,200 円 + 72,000 円 = 422,300 円
　期末商品棚卸高：（40 個分）72,000 円《3 月 10 日に仕入れたもの》
　　　　　　　　　（5 個分）71,200 円 ÷ 40 個 × 5 個 = 8,900 円《12 月 8 日に仕入れたもの》
　　　　　　　　　（合計）72,000 円 + 8,900 円 = 80,900 円
　当期売上原価：75,600 円 + 422,300 円 − 80,900 円 = 417,000 円

① 9 月 22 日の仕入後の商品 1 個当たり取得原価…… 2,760 円
　　3 月 4 日の仕入後の商品 1 個当たり取得原価…… 2,790 円
② 期末商品棚卸高…… 111,600 円
③ 当期の売上原価…… 246,600 円
　① 4 月 7 日に仕入れた商品の 1 個あたり取得原価：108,000 円 ÷ 40 個 = 2,700 円
　（9 月 22 日）
　　仕入前に保有していた商品の数：40 個 − 20 個 − 15 個 = 5 個
　　仕入前に保有していた商品の取得原価合計：5 個 × 2,700 円 = 13,500 円
　　仕入後に保有している商品の合計数：5 個 + 50 個 = 55 個
　　仕入後に保有している商品の取得原価合計：13,500 円 + 138,300 円 = 151,800 円
　　1 個あたり取得原価：151,800 円 ÷ 55 個 = 2,760 円
　（3 月 4 日）
　　仕入前に保有していた商品の数：55 個 − 20 個 − 10 個 − 15 個 = 10 個
　　仕入前に保有していた商品の取得原価合計：10 個 × 2,760 円 = 27,600 円
　　仕入後に保有している商品の合計数：10 個 + 40 個 = 50 個
　　仕入後に保有している商品の取得原価合計：27,600 円 + 111,900 円 = 139,500 円
　　1 個あたり取得原価：139,500 円 ÷ 50 個 = 2,790 円
　② 3 月 31 日に保有している商品の数：50 個 − 10 個 = 40 個
　　1 個あたり取得原価：2,790 円
　　期末商品棚卸高：40 個 × 2,790 円 = 111,600 円

③ 当期商品仕入高：108,000 円 + 138,300 円 + 111,900 円 = 358,200 円

当期売上原価：358,200 円 - 111,600 円 = 246,600 円

問題 23 - 4

		期末商品棚卸高	売上原価	売上総利益
①	移動平均法の場合	45,920 円	128,580 円	212,720 円
②	先入先出法の場合	46,200 円	128,300 円	213,000 円

① 移動平均法の場合

期首の商品の 1 個あたり取得原価：31,500 円 ÷ 105 個 = 300 円

（5 月 20 日）

仕入前に保有していた商品の数：105 個 - 55 個 = 50 個

仕入前に保有していた商品の取得原価合計：50 個 × 300 円 = 15,000 円

仕入後に保有している商品の合計数：50 個 + 150 個 = 200 個

仕入後に保有している商品の取得原価合計：15,000 円 + 48,000 円 = 63,000 円

1 個あたり取得原価：63,000 円 ÷ 200 個 = 315 円

（9 月 21 日）

仕入前に保有していた商品の数：200 個 - 65 個 - 75 個 = 60 個

仕入前に保有していた商品の取得原価合計：60 個 × 315 円 = 18,900 円

仕入後に保有している商品の合計数：60 個 + 140 個 = 200 個

仕入後に保有している商品の取得原価合計：18,900 円 + 45,500 円 = 64,400 円

1 個あたり取得原価：64,400 円 ÷ 200 個 = 322 円

（1 月 29 日）

仕入前に保有していた商品の数：200 個 - 80 個 - 70 個 = 50 個

仕入前に保有していた商品の取得原価合計：50 個 × 322 円 = 16,100 円

仕入後に保有している商品の合計数：50 個 + 150 個 = 200 個

仕入後に保有している商品の取得原価合計：16,100 円 + 49,500 円 = 65,600 円

1 個あたり取得原価：65,600 円 ÷ 200 個 = 328 円

期末商品棚卸高

3 月 31 日に保有していた商品の数：200 個 - 60 個 = 140 個

140 個 × 328 円 = 45,920 円

売上原価の額

31,500 円 + （48,000 円 + 45,500 円 + 49,500 円） - 45,920 円 = 128,580 円

売上総利益の額

（45,650 円 + 54,600 円 + 63,000 円 + 67,600 円 + 59,150 円 + 51,300 円） - 128,580 円 = 212,720 円

② 先入先出法の場合

期末商品棚卸高

3 月 31 日に保有していた商品の数：140 個（1 月 29 日の仕入数量 150 個より少ない）

最後に仕入れた商品（1 月 29 日）の 1 個あたり取得原価：49,500 円 ÷ 150 個 = 330 円

140 個 × 330 円 = 46,200 円

売上原価の額

31,500 円 + （48,000 円 + 45,500 円 + 49,500 円） - 46,200 円 = 128,300 円

売上総利益の額

（45,650 円 + 54,600 円 + 63,000 円 + 67,600 円 + 59,150 円 + 51,300 円） - 128,300 円 = 213,000 円

24 伝　票

問題24−1

　入金伝票に記録されるもの……④

　出金伝票に記録されるもの……①，③

　振替伝票に記録されるもの……②，⑤

　　② 　チャージ式の交通系 IC カードにチャージした金額は，現金勘定ではなく，仮払金勘定に記録されている。このため，チャージされた金額を使ったときも，現金を減らすのではなく，仮払金を減らす。

　　⑤ 　普通預金口座への入金は，現金ではなく，預金が増えた取引であるため，出金伝票ではなく，振替伝票に記録する。

問題24−2

①

出　金　伝　票	
勘定科目	金額
旅 費 交 通 費	33,000

②

入　金　伝　票	
勘定科目	金額
売　　　　　　上	2,700

問題24−3

	借方		貸方	
	勘定科目	金額	勘定科目	金額
①	現　　　　　　金	75,000	受 取 手 数 料	75,000
②	通　　信　　費	6,000	現　　　　　　金	6,000
③	受 取 商 品 券	3,000	売　　　　　上	3,000

問題24−4

① 　取引を分割する方法

入　金　伝　票	
勘定科目	金額
売　　　　　上	50,000

振　替　伝　票			
借方科目	金額	貸方科目	金額
売 掛 金	500,000	売　　　上	500,000

② 　取引を擬制する方法

入　金　伝　票	
勘定科目	金額
売　　掛　　金	50,000

振　替　伝　票			
借方科目	金額	貸方科目	金額
売 掛 金	550,000	売　　　上	550,000

問題24−5

① 取引を擬制する方法

②

出 金 伝 票

勘定科目	金額
買　掛　金	80,000

　　仕入れた商品の額は 380,000 円であり，振替伝票に記録されている金額も 380,000 円であるから，伝票への記録にあたって取引の金額が分割されていないことが分かる。したがって，もう１つの方法である取引を擬制する方法が正解となる。

問題24−6

① 取引を分割する方法

②

振 替 伝 票

借方科目	金額	貸方科目	金額
売　掛　金	400,000	売　　　上	400,000

　　入金伝票に記録されている現金勘定の相手勘定が売上勘定となっているため，もともとの売上金額 450,000 円が分割されたものであることが分かる。

問題24−7

仕 訳 日 計 表
20X1 年 11 月 12 日

借方合計	勘定科目	貸方合計
26,600	現　　　　　金	39,480
30,000	普　通　預　金	
5,000	仮　　払　　金	
	未　　払　　金	1,500
	売　　　　　上	26,600
2,330	旅　費　交　通　費	
3,650	消　耗　品　費	
67,580		67,580

　　各伝票に記録された取引を仕訳すると，次のページのようになる。仕訳日計表は，これらの仕訳をもとに勘定ごとに合計金額を計算することで作成できる。

借方		貸方	
勘定科目	金額	勘定科目	金額
現　　　　　金	5,600	売　　　　　上	5,600
現　　　　　金	2,900	売　　　　　上	2,900
現　　　　　金	6,800	売　　　　　上	6,800
現　　　　　金	7,300	売　　　　　上	7,300
現　　　　　金	4,000	売　　　　　上	4,000
旅　費　交　通　費	1,950	現　　　　　金	1,950
消　耗　品　費	1,250	現　　　　　金	1,250
旅　費　交　通　費	380	現　　　　　金	380
消　耗　品　費	900	現　　　　　金	900
普　通　預　金	30,000	現　　　　　金	30,000
仮　　払　　金	5,000	現　　　　　金	5,000
消　耗　品　費	1,500	未　　払　　金	1,500

25　決算手続⑤

問題25－1
① 発生　　　② 未払費用　　　③ 経過勘定　　　④ 負債　　　⑤ 未収収益
⑥ 資産

問題25－2

	借方		貸方	
	勘定科目	金額	勘定科目	金額
①	仕　訳　な　し			
②	支　払　地　代	500,000*	未　払　地　代	500,000
③	損　　　　　益	500,000	支　払　地　代	500,000

*　1,200,000 円 ÷ 12 × 5 か月 ＝ 500,000 円（11 月～ 3 月）

```
              支      払      地      代
   未 払 地 代      500,000 | 損        益      500,000


              未      払      地      代
      ―――           ―――  | 支 払 地 代      500,000
```

問題 25−3

	借方		貸方	
	勘定科目	金額	勘定科目	金額
①	未 払 地 代	500,000	支 払 地 代	500,000
②	支 払 地 代	1,200,000	当 座 預 金	1,200,000
③	損 益	700,000	支 払 地 代	700,000*

* 1,200,000 円 − 500,000 円 = 700,000 円

```
                   支      払      地      代
     当 座 預 金      1,200,000  │  未 払 地 代      500,000
       ──              ──    │  損      益      700,000

                   未      払      地      代
     支 払 地 代      500,000   │  前 期 繰 越      500,000
```

問題 25−4

	借方		貸方	
	勘定科目	金額	勘定科目	金額
①	貸 付 金	2,000,000	当 座 預 金	2,000,000
②	未 収 利 息	45,000	受 取 利 息	45,000*
③	受 取 利 息	45,000	損 益	45,000

* 2,000,000 円 × 3 ÷ 100 ÷ 12 × 9 か月 = 45,000 円（7 月～3 月）

```
                   受      取      利      息
     損      益      45,000   │  未 収 利 息      45,000

                   未      収      利      息
     受 取 利 息      45,000   │     ──           ──
```

問題 25−5

① 翌期　　② 前払費用　　③ 経過勘定　　④ 資産　　⑤ 前受収益
⑥ 負債

問題 25−6

	借方		貸方	
	勘定科目	金額	勘定科目	金額
①	保 険 料	492,000	普 通 預 金	492,000
②	前 払 保 険 料	328,000	保 険 料	328,000*1
③	損 益	164,000	保 険 料	164,000*2

*1 492,000 円 ÷ 6 × 4 か月 = 328,000 円（4 月～7 月）

*2 492,000 円 − 328,000 円 = 164,000 円

保　　　　険　　　　料

| 普 通 預 金 | 492,000 | 前 払 保 険 料 | 328,000 |
| | | 損　　　　　益 | 164,000 |

前　払　保　険　料

| 保　険　料 | 328,000 | ——— | ——— |

問題 25－7

	借方		貸方	
	勘定科目	金額	勘定科目	金額
①	保　　険　　料	328,000	前 払 保 険 料	328,000
②	仕　訳　な　し			
③	損　　　　　益	328,000	保　　険　　料	328,000

保　　　　険　　　　料

| 前 払 保 険 料 | 328,000 | 損　　　　　益 | 328,000 |

前　払　保　険　料

| 前 期 繰 越 | 328,000 | 保　　険　　料 | 328,000 |

問題 25－8

	借方		貸方	
	勘定科目	金額	勘定科目	金額
①	手 形 貸 付 金	5,100,000	当 座 預 金	5,000,000
			受 取 利 息	100,000
②	受 取 利 息	50,000*1	前 受 利 息	50,000
③	受 取 利 息	50,000*2	損　　　　　益	50,000

*1 （5,100,000 円 － 5,000,000 円）÷ 12 × 6 か月 = 50,000 円（4 月〜 9 月分）

*2 100,000 円 － 50,000 円 = 50,000 円

受　　　取　　　利　　　息

| 前 受 利 息 | 50,000 | 手 形 貸 付 金 | 100,000 |
| 損　　　　益 | 50,000 | ——— | ——— |

前　　受　　利　　息

| ——— | ——— | 受 取 利 息 | 50,000 |

26　精算表①

問題 26－1

① 収益　　② 費用　　③ 純資産　　④ 資産　　⑤ 負債　　⑥ 権利　　⑦ 義務

⑧ 評価勘定　　⑨ 経過勘定

180

問題 26－2

精　　　　算　　　　表

勘定科目	決算整理後残高試算表 借方	決算整理後残高試算表 貸方	損益計算書 借方	損益計算書 貸方	貸借対照表 借方	貸借対照表 貸方
現　　　　　金	7,650				7,650	
当 座 預 金	85,100				85,100	
電 子 記 録 債 権	25,000				25,000	
売 　 掛 　 金	51,000				51,000	
繰 越 商 品	34,100				34,100	
備 　 　 　 品	780,000				780,000	
車 両 運 搬 具	390,000				390,000	
電 子 記 録 債 務		16,000				16,000
買 　 掛 　 金		26,200				26,200
未 　 払 　 金		250,000				250,000
未 払 消 費 税		18,620				18,620
貸 倒 引 当 金		760				760
備品減価償却累計額		487,500				487,500
車両運搬具減価償却累計額		195,000				195,000
資 　 本 　 金		200,000				200,000
繰 越 利 益 剰 余 金		179,920				179,920
売 　 　 　 上		615,000		615,000		
仕 　 　 　 入	313,000		313,000			
旅 費 交 通 費	62,220		62,220			
消 耗 品 費	19,300		19,300			
通 　 信 　 費	22,570		22,570			
保 　 険 　 料	16,800		16,800			
貸 倒 引 当 金 繰 入	610		610			
減 価 償 却 費	175,500		175,500			
貯 　 蔵 　 品	550				550	
前 払 保 険 料	5,600				5,600	
当 期 純 （ 利 益 ）			5,000			5,000
	1,989,000	1,989,000	615,000	615,000	1,379,000	1,379,000

　　評価勘定（貸倒引当金，減価償却累計額），経過勘定（前払保険料）の金額は貸借対照表欄に記入する。また，貯蔵品勘定も資産の勘定であるからその金額は貸借対照表欄に記入する。

　　損益計算書欄と貸借対照表欄への記入が終わったら，借方，貸方の合計金額が一致するように，合計金額が小さい方に，その不足する金額を追加する。本問のように，収益の合計額の方が費用の合計額よりも大きい場合，その金額は当期純利益を意味する。

精 算 表

勘定科目	修正・整理前残高試算表 借方	修正・整理前残高試算表 貸方	修正・整理 借方	修正・整理 貸方	決算整理後残高試算表 借方	決算整理後残高試算表 貸方	損益計算書 借方	損益計算書 貸方	貸借対照表 借方	貸借対照表 貸方
現　　　　　金	105			10	95				95	
当 座 預 金		25	25							
売 掛 金	500				500				500	
繰 越 商 品	380		410	380	410				410	
仮 払 消 費 税	370			370						
備　　　　　品	3,200				3,200				3,200	
車 両 運 搬 具	1,200				1,200				1,200	
買 掛 金		200				200				200
仮 受 消 費 税		550	550							
借 入 金		1,000				1,000				1,000
貸 倒 引 当 金		5		15		20				20
備品減価償却累計額		1,400		400		1,800				1,800
車両運搬具減価償却累計額		450		300		750				750
資 本 金		1,000				1,000				1,000
繰 越 利 益 剰 余 金		470				470				470
売　　　　　上		5,500				5,500		5,500		
仕　　　　　入	2,460		380	410	2,430		2,430			
旅 費 交 通 費	620				620		620			
消 耗 品 費	310				310		310			
通 信 費	440			50	390		390			
支 払 家 賃	1,000			160	840		840			
支 払 利 息	15		5		20		20			
雑 損			10		10		10			
当 座 借 越				25		25				25
未 払 消 費 税				180		180				180
貸 倒 引 当 金 繰 入			15		15		15			
減 価 償 却 費			700		700		700			
貯 蔵 品			50		50				50	
前 払 家 賃			160		160				160	
未 払 利 息				5		5				5
当 期 純 (利 益)							165			165
	10,600	10,600	2,305	2,305	10,950	10,950	5,500	5,500	5,615	5,615

　　決算整理後残高試算表欄に記入する金額は，修正・整理前残高試算表欄の金額と修正・整理欄の金額を元に計算された残高金額となる。借方，貸方それぞれの合計金額を計算してから，その差額を残高金額として決算整理後残高試算表欄に記入する。

　　また，当座借越勘定，未払消費税勘定はどちらも負債の勘定であるため，その金額は貸借対照表欄に記入する。

27 精算表②

問題27-1

精　　算　　表

勘定科目	修正・整理前残高試算表 借方	修正・整理前残高試算表 貸方	修正・整理 借方	修正・整理 貸方	損益計算書 借方	損益計算書 貸方	貸借対照表 借方	貸借対照表 貸方
現　　　　　金	2,010		40	70			1,980	
当 座 預 金	11,190						11,190	
売 　掛 　金	7,000						7,000	
繰 越 商 品	2,730		2,930	2,730			2,930	
仮 　払 　金	350			350				
備 　　　　品	120,000						120,000	
車 両 運 搬 具	32,000						32,000	
買 　掛 　金		1,760						1,760
未 　払 　金		60,000						60,000
貸 倒 引 当 金		30		40				70
備品減価償却累計額		21,000		13,500				34,500
車両運搬具減価償却累計額		6,000		8,000				14,000
資 　本 　金		50,000						50,000
繰 越 利 益 剰 余 金		15,470						15,470
売 　　　　上		85,830				85,830		
仕 　　　　入	24,800		2,730	2,930	24,600			
給 　　　　料	19,540		1,200		20,740			
旅 費 交 通 費	6,250		310		6,560			
通 　信 　費	4,750			480	4,270			
支 払 家 賃	4,160			320	3,840			
保 　険 　料	2,400			600	1,800			
租 税 公 課	2,910			330	2,580			
雑 　（ 　損 　）			70		70			
貸 倒 引 当 金 繰 入			40		40			
減 価 償 却 費			21,500		21,500			
（ 貯 蔵 品 ）			810				810	
（ 未 払 ） 給 料				1,200				1,200
（ 前 払 ） 家 賃			320				320	
（ 前 払 ） 保 険 料			600				600	
当 期 純 （ 損 失 ）						170	170	
	240,090	240,090	30,550	30,550	86,000	86,000	177,000	177,000

修正・整理欄に金額が記入される修正仕訳，決算整理仕訳は次のようになる。

（1）①　仮払金の使用額が確定したときの処理

（借）	旅　費　交　通　費	310		（借）	仮　　払　　金	350
	現　　　　　金	40				

（1）②　現金過不足の雑損勘定，雑益勘定への振替え

（借）	雑　　　　　損	70	（貸）	現　　　　　金	70

　帳簿残高：2,010円＋40円（（1）①返金分）＝2,050円
　現金過不足：1,980円－2,050円＝△70円（実際有高の方が少ないため雑損）

（2）①　貸倒引当金の設定（差額補充法）

（借）	貸　倒　引　当　金　繰　入	40	（貸）	貸　倒　引　当　金	40

　貸倒引当金要設定額：7,000円×1÷100＝70円
　貸倒引当金繰入額：70円－30円＝40円

（2）②　売上原価の計算（仕入勘定）

（借）	仕　　　　　入	2,730	（貸）	繰　越　商　品	2,730
（借）	繰　越　商　品	2,930	（貸）	仕　　　　　入	2,930

（2）③　減価償却（定額法・間接法）

（借）	減　価　償　却　費	21,500	（貸）	備品減価償却累計額	13,500
				車両運搬具減価償却累計額	8,000

　備品Ａ：（84,000円－0円）÷8年＝10,500円
　備品Ｂ：（36,000円－0円）÷8年÷12×8か月＝3,000円（8月〜3月）
　車両運搬具：（32,000円－0円）÷4年＝8,000円

（2）④　給料の見越し

（借）	給　　　　　料	1,200	（貸）	未　払　給　料	1,200

（2）⑤　未使用の郵便切手・収入印紙の振替え

（借）	貯　　蔵　　品	810	（貸）	通　　信　　費	480
				租　税　公　課	330

（2）⑥　家賃の繰延べ

（借）	前　払　家　賃	320	（貸）	支　払　家　賃	320

（2）⑦　保険料の繰延べ

（借）	前　払　保　険　料	600	（貸）	保　　険　　料	600

　修正・整理前残高試算表欄に記入されている金額2,400円は，前期から繰り延べられてきた4か月分（4月〜7月）と，当期に支払った1年分（8月〜7月）の合計16か月分である。このうち，4か月分（4月〜7月）を繰り延べるのであるから，その金額は，次のように計算される。
　　2,400円÷16×4か月＝600円

　損益計算書欄と貸借対照表欄への記入が終わったら，借方，貸方の合計金額が一致するように，合計金額が小さい方に，その不足する金額を追加する。本問のように，収益の合計額の方が費用の合計額よりも小さい場合，その金額は当期純損失を意味する。

精 算 表

勘定科目	修正・整理前 残高試算表		修正・整理		損益計算書		貸借対照表	
	借方	貸方	借方	貸方	借方	貸方	借方	貸方
現　　　　　金	840		10	30			820	
当 座 預 金	3,790		200				3,990	
売 　 掛 　 金	1,800			200			1,600	
繰 越 商 品	1,510		1,740	1,510			1,740	
手 形 貸 付 金	5,000						5,000	
建 　　　　 物	81,000						81,000	
備 　　　　 品	9,600						9,600	
買 　 掛 　 金		1,020						1,020
未 　 払 　 金		32,000						32,000
借 　 入 　 金		10,000						10,000
貸 倒 引 当 金		30	6					24
建物減価償却累計額		29,160		2,430				31,590
備品減価償却累計額		4,200		1,200				5,400
資 　 本 　 金		10,000						10,000
繰 越 利 益 剰 余 金		15,100						15,100
売 　　　　 上		20,500				20,500		
受 取 利 息		90	70			20		
仕 　　　　 入	9,500			9,500				
旅 費 交 通 費	2,280		30		2,310			
通 　 信 　 費	1,310			90	1,220			
保 　 険 　 料	4,560			1,680	2,880			
租 税 公 課	830			110	720			
支 払 利 息	80		20		100			
雑 （ 益 ）				10		10		
貸 倒 引 当 金 （ 戻 入 ）				6		6		
売 上 原 価			1,510	1,740	9,270			
			9,500					
減 価 償 却 費			3,630		3,630			
（ 貯 蔵 品 ）			200				200	
（ 前 受 ） 利 息				70				70
（ 前 払 ） 保 険 料			1,680				1,680	
未 払 利 息				20				20
当 期 純 （ 利 益 ）					406			406
	122,100	122,100	18,596	18,596	20,536	20,536	105,630	105,630

<u>損　益　計　算　書</u>

○○株式会社　　　20X1 年 4 月 1 日〜 20X2 年 3 月 31 日　　　（単位：円）

費用	金額	収益	金額
（ 売 上 原 価 ）	9,270	（ 売 上 高 ）	20,500
減 価 償 却 費	3,630	受 取 利 息	20
旅 費 交 通 費	2,310	貸倒引当金（戻入）	6
通 信 費	1,220	雑 （ 益 ）	10
保 険 料	2,880		
租 税 公 課	720		
支 払 利 息	100		
当 期 純 (利 益)	406		
	20,536		20,536

<u>貸　借　対　照　表</u>

○○株式会社　　　20X2 年 3 月 31 日現在　　　（単位：円）

資産	金額		負債・純資産	金額
現 金		820	買 掛 金	1,020
当 座 預 金		3,990	未 払 金	32,000
売 掛 金	1,600		（ 前 受 ） 利 息	70
（ 貸 倒 引 当 金 ）	△ 24	1,576	未 払 利 息	20
（ 商 品 ）		1,740	借 入 金	10,000
貯 蔵 品		200	資 本 金	10,000
前 払 保 険 料		1,680	繰越利益剰余金	15,506
手 形 貸 付 金		5,000		
建 物	81,000			
（減価償却累計額）	△ 31,590	49,410		
備 品	9,600			
（減価償却累計額）	△ 5,400	4,200		
		68,616		68,616

修正・整理欄に金額が記入される修正仕訳，決算整理仕訳は次のようになる。

（1）①　行われていなかった仕訳の処理

　　（借）当 座 預 金　　200　　　　（貸）売 掛 金　　200

（1）②　現金過不足の雑損勘定，雑益勘定への振替え

　　（借）旅 費 交 通 費　　30　　　　（貸）現 金　　30
　　（借）現 金　　10　　　　（貸）雑 益　　10

　　現金の帳簿残高：840 円 − 30 円＝ 810 円
　　現金過不足：820 円 − 810 円＝ 10 円（実際有高の方が多いため雑益）

（2）① 貸倒引当金の設定（差額補充法）

　　　（借）　貸　倒　引　当　金　　　　6　　　　　（貸）　貸　倒　引　当　金　戻　入　　　　6

　　貸倒引当金要設定額：(1,800 円 − 200 円（(1) ①）) × 1.5 ÷ 100 = 24 円
　　貸倒引当金繰入額：24 円 − 30 円 = △ 6 円（期末残高の方が多いため戻入れ）

（2）② 売上原価の計算（売上原価勘定）

　　　（借）　売　　上　　原　　価　　　1,510　　　　（貸）　繰　　越　　商　　品　　　1,510
　　　（借）　売　　上　　原　　価　　　9,500　　　　（貸）　仕　　　　　　　　入　　　9,500
　　　（借）　繰　　越　　商　　品　　　1,740　　　　（貸）　売　　上　　原　　価　　　1,740

（2）③ 減価償却（定額法・間接法）

　　　（借）　減　価　償　却　費　　　3,630　　　　（貸）　建物減価償却累計額　　　2,430
　　　　　　　　　　　　　　　　　　　　　　　　　　　　　　備品減価償却累計額　　　1,200

　　建物：(81,000 円 − (81,000 円 × 10 ÷ 100)) ÷ 30 年 = 2,430 円
　　備品：(9,600 円 − 0 円) ÷ 8 年 = 1,200 円

（2）④ 未使用の郵便切手・収入印紙の振替え

　　　（借）　貯　　蔵　　品　　　　200　　　　　（貸）　通　　信　　費　　　　90
　　　　　　　　　　　　　　　　　　　　　　　　　　　　　租　　税　　公　　課　　　110

（2）⑤ 利息の繰延べ

　　　（借）　受　　取　　利　　息　　　　70　　　　（貸）　前　　受　　利　　息　　　　70

　　利息の繰延額：90 円 ÷ 9 × 7 か月 = 70 円（4 月〜 10 月）

（2）⑥ 保険料の繰延べ

　　　（借）　前　払　保　険　料　　　1,680　　　　（貸）　保　　　　険　　　　料　　　1,680

　　修正・整理前残高試算表欄に記入されている金額 4,560 円は，前期から繰り延べられてきた 7 か月分（4 月〜
10 月）と，当期に支払った 1 年分（11 月〜 10 月）の合計 19 か月分である。このうち，7 か月分（4 月〜 10 月）
を繰り延べるのであるから，その金額は，次のように計算される。
　　4,560 円 ÷ 19 × 7 か月 = 1,680 円

（2）⑦ 利息の見越し

　　　（借）　支　払　利　息　　　　20　　　　　（貸）　未　払　利　息　　　　20

　　損益計算書では，売上勘定を売上高に直して表記する。なお，売上原価を仕入勘定で計算している場合も，
損益計算書では売上原価とする。
　　貸借対照表では，繰越商品勘定を商品に直して表記する。また，繰越利益剰余金として記載される金額は，
精算表に繰越利益剰余金として記入された金額 15,100 円と当期純利益 406 円の合計 15,506 円となる。

28　報告式の財務諸表

問題28－1
① 流動　　　　② 固定　　　③ 資本　　　④ 利益　　　⑤ 繰越利益剰余金

問題28－2
① 売上総利益　　　② 営業利益　　　③ 当期純利益　　　④ 経常利益

問題28－3
① 販売費及び一般管理費　　② 営業　　③ 経常　　④ 295,000
⑤ 609,000　　⑥ 300　　⑦ 7,000　　⑧ 4,900

④ 316,000 円 − 21,000 円 = 295,000 円
⑤ 販売費及び一般管理費の合計額
⑥ 9,000 円 + （　　　　） − 800 円 = 8,500 円の等式が成立するよう（　　　）に入る金額を求めると 300 円となる。
⑦ 8,500 円 + 1,200 円 − 2,700 円 = 7,000 円
⑧ 7,000 円 − 2,100 円 = 4,900 円

29　会計帳簿への記録

問題29－1

仕　　　　訳　　　　帳

1

20XX 年		摘要		元丁	借方金額	貸方金額
4	1	（現　　　　金）		101	600,000	
			（資　本　金）	501		600,000
	2	諸　　　口				
		（備　　　品）		231	351,000	
		（仮 払 消 費 税）		181	35,100	
			（現　　　　金）	101		386,100
	4	諸　　　口				
		（仕　　　入）		801	70,000	
		（仮 払 消 費 税）		181	7,000	
			（現　　　　金）	101		77,000
	5		諸　　　口			
		（現　　　　金）		101	30,800	
			（売　　　上）	601		28,000
			（仮 受 消 費 税）	481		2,800

総 勘 定 元 帳

現　　　　　金　　　　101

20XX年		摘要	仕丁	借方金額	20XX年		摘要	仕丁	貸方金額
4	1	資　本　金	1	600,000	4	2	諸　　　口	1	386,100
	5	諸　　　口	〃	30,800		4	諸　　　口	〃	77,000

仮　払　消　費　税　　　　181

20XX年		摘要	仕丁	借方金額	20XX年		摘要	仕丁	貸方金額
4	2	現　　　金	1	35,100					
	4	現　　　金	〃	7,000					

備　　　　　品　　　　231

20XX年		摘要	仕丁	借方金額	20XX年		摘要	仕丁	貸方金額
4	2	現　　　金	1	351,000					

仮　受　消　費　税　　　　481

20XX年		摘要	仕丁	借方金額	20XX年		摘要	仕丁	貸方金額
					4	5	現　　　金	1	2,800

資　　本　　金　　　　501

20XX年		摘要	仕丁	借方金額	20XX年		摘要	仕丁	貸方金額
					4	1	現　　　金	1	600,000

売　　　　　上　　　　601

20XX年		摘要	仕丁	借方金額	20XX年		摘要	仕丁	貸方金額
					4	5	現　　　金	1	28,000

仕　　　　　入　　　　801

20XX年		摘要	仕丁	借方金額	20XX年		摘要	仕丁	貸方金額
4	4	現　　　金	1	70,000					

問題29-2

仕　　　訳　　　帳

37

20XX年		摘要	元丁	借方金額	貸方金額
3	31	（　貯　蔵　品　）	191	6,580	
		（　通　信　費　）	873		6,580
		郵便切手の未使用額を貯蔵費勘定に振り替えた			
	〃	（　損　　　益　）	999	101,320	
		（　通　信　費　）	873		101,320
		通信費勘定の期末残高を損益勘定に振り替えた			

貯　蔵　品　　　　　　　　　191

20XX年		摘要	仕丁	借方金額	20XX年		摘要	仕丁	貸方金額
4	1	前 期 繰 越	✓	7,520	4	1	通 信 費	1	7,520
3	31	通 信 費	37	6,580	3	31	次 期 繰 越	✓	6,580
				14,100					14,100

通　信　費　　　　　　　　　873

20XX年		摘要	仕丁	借方金額	20XX年		摘要	仕丁	貸方金額
4	1	貯 蔵 品	1	7,520	3	31	貯 蔵 品	37	6,580
6	27	諸 口	7	35,100	〃		損 益	〃	101,320
10	9	現 金	18	18,800					
12	27	諸 口	26	27,680					
3	7	現 金	35	18,800					
				107,900					107,900

問題29-3

総　勘　定　元　帳

現　　金　　　　　　　　　101

月	日	摘要	仕丁	借方金額	貸方金額	借/貸	残高金額
4	20	（省　　　略）				借	60,800
	21	旅費交通費			390	〃	60,410
	〃	売上	（省	2,500		〃	62,910
	〃	売上		3,700		〃	66,610
	〃	消耗品費	略）		1,940	〃	64,670
	〃	売上		1,600		〃	66,270

現　金　出　納　帳

月	日	摘要	収入金額	支出金額	残高金額
4	20	（省　　　略）			60,800
	21	電車代（神奈川鉄道）		390	60,410
	〃	売上（栃木商店，商品 X）	2,500		62,910
	〃	売上（茨城株式会社，商品 Y・商品 Z）	3,700		66,610
	〃	消耗品代（千葉文具店）		1,940	64,670
	〃	売上（群馬株式会社，商品 Y）	1,600		66,270

　　総勘定元帳の摘要欄には相手勘定を記入する。これに対して，現金出納帳の摘要欄にはこのような決まりはないため，取引の内容を簡潔に記録すればよい。

問題 29－4

当 座 預 金 出 納 帳

月	日	摘要	借方金額	貸方金額	借／貸	残高金額
7	1	当座預金口座開設	3,000,000		借	3,000,000
	13	車両運搬具購入（小切手振出）		1,900,000	〃	1,100,000
	27	商品仕入れ（小切手振出）		930,000	〃	170,000
8	4	約束手形支払い（7月4日振出分）		800,000	貸	630,000
	10	売掛金回収	2,070,000		借	1,440,000

　約束手形を振り出したときは，企業が自由に使える当座預金の額に変化がないため，当座預金出納帳への記録は行わない。一方，小切手を振り出したときは，口座の残高はまだ減少していないものの，小切手に記入した金額は，企業が自由に使える金額ではなくなったため，当座預金出納帳に記録を行う。

問題 29－5

小 口 現 金 出 納 帳

受入	20XX年		摘要	支払	内　　　　　訳			
					消 耗 品 費	旅費交通費	通 信 費	雑 　 　 費
50,000	9	1	本日支給					
		2	事務用消耗品	2,970	2,970			
		3	電車代	660		660		
		〃	手土産代	8,000				8,000
		4	バス代	450		450		
		〃	清掃用消耗品	4,620	4,620			
		5	郵便切手	9,400			9,400	
		6	タクシー代	1,670		1,670		
				27,770	7,590	2,780	9,400	8,000
27,770		6	本日補給					
		7	**次週繰越**	**50,000**				
77,770				77,770				

　小口現金を使用したときは，支払欄と該当する内訳欄の2か所にその使用額を記録する。

　小口現金の管理方法として定額資金前渡制度（インプレスト・システム）が採用されている場合は，使用した金額と同額が補充される。このため，報告の前にどれだけの金額を使用したかを集計しておく。

　締切りにあたって受入欄，支払欄の合計額を計算するとき，支払欄については，報告にあたって集計した金額から下の部分を合計する（集計前の日々の支払額を合計額に含めてしまうと，集計後の金額と重複してしまう）。なお，報告後，ただちに補充を受ける場合は，はじめに支給を受けた金額と，次週に繰り越される金額とが同じ金額になる。

売 上 帳

20XX 年		摘要		数量	単価	内訳	金額
10	3	鹿児島株式会社	掛				
		A商品※		200	700	140,000	
		B商品※		80	1,800	144,000	
		消費税（※10%）				28,400	312,400
	5	**鹿児島株式会社**	**掛返品**				
		A商品※		**△50**	**700**	**△35,000**	
		消費税（※10%）				**△3,500**	**△38,500**
	11	宮崎株式会社	掛				
		B商品※		60	1,800	108,000	
		C商品※		50	2,400	120,000	
		消費税（※10%）				22,800	250,800
	18	熊本株式会社	掛				
		A商品※		160	700	112,000	
		C商品※		100	2,400	240,000	
		消費税（※10%）				35,200	387,200
	23	鹿児島株式会社	掛				
		A商品※		180	700	126,000	
		B商品※		90	1,800	162,000	
		消費税（※10%）				28,800	316,800
	29	大分株式会社	現金				
		C商品※		15	2,500	37,500	
		消費税（※10%）				3,750	41,250
		総 売 上 高（税込）					1,308,450
		返品・値引高（税込）					**△38,500**
		純 売 上 高（税込）					1,269,950

　この設例では消費税が10%のみであるため，10%の表記を行う必要性を感じられないかもしれないが，その後，いつ8%（軽減税率）の取引が生じることになるかもわからないので，はじめから必要な表記を行っておいた方が良い。

　得意先との代金のやりとりは税込価額で行っているため，返品によって売掛金と相殺される金額も消費税込みの金額で計算しなければならない。

仕　　　入　　　帳

20XX 年		摘要	数量	単価	内訳	金額
11	4	和歌山株式会社　　　　　　　掛				
		P 商品※	45	2,800	126,000	
		Q 商品※	30	4,700	141,000	
		配送料※			2,000	
		消費税（※10%）			26,900	295,900
	13	三重株式会社　　　　　　　　掛				
		R 商品※	60	1,600	96,000	
		配送料※			1,500	
		消費税（※10%）			9,750	107,250
	15	**三重株式会社　　　　　　　掛**				
		R 商品※	**△ 60**	**1,600**	**△ 96,000**	
		配送料※			**△ 1,500**	
		消費税（※10%）			**△ 9,750**	**△ 107,250**
	20	奈良株式会社　　　　　　　　掛				
		S 商品※	40	3,200	128,000	
		T 商品※	15	6,600	99,000	
		配送料※			2,000	
		消費税（※10%）			22,900	251,900
	28	和歌山株式会社　　　　　　　掛				
		P 商品※	50	2,800	140,000	
		Q 商品※	20	4,700	94,000	
		配送料※			2,000	
		消費税（※10%）			23,600	259,600
		総　仕　入　高（税込）				914,650
		返品・値引高（税込）				**△ 107,250**
		純　仕　入　高（税込）				807,400

　仕入れた商品だけでなく，商品の配送にも消費税がかかることに注意すること。また，15 日の取引については，買掛金のなかに配送料金が含まれているため，配送料金も含めて返品の処理を行う（配送料が売手である三重株式会社の負担であるため）。

総 勘 定 元 帳

売 掛 金 101

20XX年		摘要	仕丁	借方金額	20XX年		摘要	仕丁	貸方金額
12	1	前 月 繰 越	（省	203,400	12	12	売　　　上	（省	7,200
	2	売　　　上		33,700		15	当 座 預 金		149,300
	7	売　　　上		19,200		31	次 月 繰 越		193,500
	11	売　　　上		38,400					
	23	売　　　上		20,500					
	26	売　　　上	略）	34,800				略）	
				350,000					350,000

売 掛 金 元 帳

滋 賀 株 式 会 社

月	日	摘要	借方金額	貸方金額	借/貸	残高金額
12	1	前月繰越	154,800		借	154,800
	2	売上	33,700		〃	188,500
	11	売上	38,400		〃	226,900
	12	売上戻り（11日売上分）		7,200	〃	219,700
	15	回収（当座預金口座振込）		110,300	〃	109,400
	26	売上	34,800		〃	144,200
	31	次月繰越		144,200		
			261,700	261,700		

愛 知 株 式 会 社

月	日	摘要	借方金額	貸方金額	借/貸	残高金額
12	1	前月繰越	48,600		借	48,600
	7	売上	19,200		〃	67,800
	15	回収（当座預金口座振込）		39,000	〃	28,800
	23	売上	20,500		〃	49,300
	31	次月繰越		49,300		
			88,300	88,300		

　売掛金元帳には，企業が有する売掛金の状況が得意先ごとに分けて記録される。すべての得意先について売掛金元帳上で記録を行っている場合，売掛金元帳に記録された金額を集計すると，その金額は総勘定元帳上に設けられた売掛金勘定の金額と等しくなる。

総 勘 定 元 帳
買 掛 金　　　　　　　　　　101

20XX年		摘要	仕丁	借方金額	20XX年		摘要	仕丁	貸方金額
12	7	仕　　　入		26,000	12	1	前　月　繰　越		395,000
	20	普　通　預　金		353,000		3	仕　　　入		59,000
	31	次　月　繰　越		375,000		6	仕　　　入		91,000
						15	仕　　　入		63,000
						21	仕　　　入		86,000
						27	仕　　　入		60,000
				754,000					754,000

買 掛 金 元 帳
岐 阜 株 式 会 社

月	日	摘要	借方金額	貸方金額	借/貸	残高金額
12	1	前月繰越		206,000	貸	206,000
	3	仕入		59,000	〃	265,000
	15	仕入		63,000	〃	328,000
	20	支払（振込み）	197,000		〃	131,000
	27	仕入		60,000	〃	191,000
	31	次月繰越	191,000			
			388,000	388,000		

長 野 株 式 会 社

月	日	摘要	借方金額	貸方金額	借/貸	残高金額
12	1	前月繰越		189,000	貸	189,000
	6	仕入		91,000	〃	280,000
	7	仕入戻し（6日仕入分）	26,000		〃	254,000
	20	支払（振込み）	156,000		〃	98,000
	21	仕入		86,000	〃	184,000
	31	次月繰越	184,000			
			366,000	366,000		

　買掛金元帳にも，企業が有する買掛金の状況が仕入先ごとに分けて記録される。すべての仕入先について買掛金元帳上で記録を行っている場合，買掛金元帳に記録された金額を集計すると，その金額は総勘定元帳上に設けられた買掛金勘定の金額と等しくなる。

商 品 有 高 帳
甲 商 品

20XX年		摘要	受入			払出			残高		
			数量	単価	金額	数量	単価	金額	数量	単価	金額
1	1	前月繰越	40	780	31,200				40	780	31,200
	4	売　上				28	780	21,840	12	780	9,360
	7	仕　入	60	785	47,100				{ 12	780	9,360
									60	785	47,100
	11	売　上				{ 12	780	9,360			
						13	785	10,205	47	785	36,895
	15	売　上				33	785	25,905	14	785	10,990
	17	仕　入	60	795	47,700				{ 14	785	10,990
									60	795	47,700
	18	仕入返品	△10	795	△7,950				{ 14	785	10,990
									50	795	39,750
	22	売　上				10	785	7,850	{ 4	785	3,140
									50	795	39,750
	26	売　上				{ 4	785	3,140			
						30	795	23,850	20	795	15,900
	31	次月繰越				20	795	15,900			
			150		118,050	150		118,050			

売　上　高	250,600
売　上　原　価	102,150
売　上　総　利　益	148,450

　商品有高帳は，商品の動きを取得原価ベースで記録している補助簿であるため，商品を売り上げたときも販売価額を使用せず，直前の残高欄に記録されている商品の単価を使用する。なお，28日の売上値引は商品の取得原価に影響しない取引であるため，商品有高帳には記録されない。

　先入先出法の場合，先に仕入れた商品から順に払い出していくことになるため，商品を売り上げたときは，残高欄に記録されている仕入れたタイミングごとの在庫の個数を意識する必要がある。たとえば，11日に25個を売り上げているが，直前の在庫のうち，最も先に仕入れたものは12個しかないため，売り上げた25個のすべてを取得原価780円で記録してはならない。この場合，先に12個分を払い出し，残りの13個は次に仕入れた商品（取得原価785円のもの）を払い出すという順で記録を行っていく。

　仕入れた商品を返品したときは先入先出の仮定に関わらず，該当する商品の数量を減らす。本問の場合，18日に返品したのは，17日に仕入れた商品であるから，残高欄では，この17日に仕入れた商品（取得原価795円のもの）を減らす。

　売上原価は，次の2つの方法によって計算できる。

① 前月繰越（月初商品残高）＋当月商品仕入高（返品額控除後）−次月繰越（月末商品残高）

② 払出欄の合計金額−次月繰越（月末商品棚卸高）

　※ 仕入返品等を払出欄に記入していない場合に限る

商品有高帳

乙商品

20XX 年		摘要	受入			払出			残高		
			数量	単価	金額	数量	単価	金額	数量	単価	金額
2	1	前月繰越	45	385	17,325				45	385	17,325
	3	売　上				25	385	9,625	20	385	7,700
	6	仕　入	60	405	24,300				80	400*1	32,000
	10	売　上				20	400	8,000	60	400	24,000
	14	売　上				45	400	18,000	15	400	6,000
	16	仕　入	60	425	25,500				75	420*2	31,500
	17	仕入値引			△2,250				75	390*3	29,250
	21	売　上				30	390	11,700	45	390	17,550
	25	売　上				20	390	7,800	25	390	9,750
	28	次月繰越				25	390	9,750			
			165		64,875	165		64,875			

*1 （7,700 円 + 24,300 円）÷（20 個 + 60 個）= 400 円
*2 （6,000 円 + 25,500 円）÷（15 個 + 60 個）= 420 円
*3 （31,500 円 − 2,250 円）÷ 75 個 = 390 円

売　上　高	117,750	
売　上　原　価	55,125	
売　上　総　利　益	62,625	

　商品有高帳は，商品の動きを取得原価ベースで記録している補助簿であるため，商品を売り上げたときも販売価額を使用せず，直前の残高欄に記録されている商品の単価を使用する。なお，22 日の売上値引は商品の取得原価に影響しない取引であるため，商品有高帳には記録されない。

　移動平均法の場合，商品を仕入れたり，仕入れた商品について返品・値引等があったりしたときに，商品 1 個あたりの取得原価を再計算する必要がある。この再計算は，直前の残高と新たな仕入れの金額の合計をこれらの数量の合計で割って行えばよい。なお，値引きを受けたときは，企業が保有する商品の数に変化はないため，合計金額だけ修正することになる。

①　沖縄㈱　　　②　10 月 12 日　　　③　600,000 円　　　④　手形貸付金
　④　貸付けを行った際に約束手形を受け取ったときは，その金額は受取手形勘定ではなく，手形貸付金勘定に記録する。

①　石川㈱　　　②　1 月 9 日　　　③　350,000 円　　　④　600,000 円
　④　2 月 15 日に振り出した約束手形については，てん末欄に記録が行われていない。支払いが行われたときは，この欄に 11 月 9 日に振り出した約束手形のように支払いの事実が記録されるため，ここに記録がないということは，支払いがまだ行われていないことを意味する。

《著者略歴》

海老原　諭（えびはら・さとし）

1987年　早稲田大学商学学術院商学研究科博士後期課程単位取得退学
現　　職　和光大学経済経営学部経営学科教授

【主要著書】

『簿記原理入門』創成社，2010 年（分担執筆）
『英和和英 IFRS 会計用語辞典』中央経済社，2010 年（分担執筆）
『連結会計入門（第 6 版）』中央経済社，2012 年（分担執筆）
『財務報告における公正価値測定』中央経済社，2014 年（分担執筆）

（検印省略）

2019 年 4 月 20 日　初版発行
2024 年 4 月 20 日　第 2 版発行　　　　　　　　　　　略称―教本問題

初級簿記教本・問題集 ［第 2 版］

著　者　海老原諭
発行者　塚田尚寛

発行所　東京都文京区　　**株式会社　創 成 社**
　　　　春日 2‒13‒1
　　　　電　話 03（3868）3867　　Ｆ Ａ Ｘ 03（5802）6802
　　　　出版部 03（3868）3857　　Ｆ Ａ Ｘ 03（5802）6801
　　　　http://www.books-sosei.com　振　替 00150-9-191261

定価はカバーに表示してあります。

©2019, 2024 Satoshi Ebihara　　　　組版：スリーエス　印刷：エーヴィスシステムズ
ISBN978-4-7944-1597-4 C3034　　　製本：エーヴィスシステムズ
Printed in Japan　　　　　　　　　落丁・乱丁本はお取り替えいたします。

──────────────── 簿記・会計選書 ────────────────

初級簿記教本問題集	海老原　諭　著	2,200 円
初級簿記教本	海老原　諭　著	2,800 円
学部生のための企業分析テキスト ―業界・経営・財務分析の基本―	髙橋　聡 福川裕徳　編著 三浦　敬	3,600 円
日本簿記学説の歴史探訪	上野清貴　編著	3,000 円
全国経理教育協会 公式簿記会計仕訳ハンドブック	上野清貴 吉田智也　編著	1,200 円
企業簿記論	中島・髙橋・柴野　著	2,300 円
ニューステップアップ簿記	大野智弘　編著	2,700 円
管理会計って何だろう ―町のパン屋さんからトヨタまで―	香取　徹　著	1,900 円
原価会計の基礎と応用	望月恒男 細海昌一郎　編著	3,600 円
政策評価におけるインパクト測定の意義	宮本幸平　著	2,500 円
非営利・政府会計テキスト	宮本幸平　著	2,000 円
税務会計論	柳　裕治　編著	2,800 円
ゼミナール監査論	山本貴啓　著	3,200 円
内部統制監査の論理と課題	井上善博　著	2,350 円
コンピュータ会計基礎	河合・櫻井 成田・堀内　著	1,900 円
はじめて学ぶ国際会計論	行待三輪　著	1,900 円
私立大学の会計情報を読む ―成長の源泉を求めて―	小藤康夫　著	2,000 円

(本体価格)

──────────────── 創成社 ────────────────